Eine andere Geschichte Österreichs

Dieses Buch verdankt seine Entstehung der guten Kooperation mit der Gewerkschaft GPA-djp. Mit besonderer Unterstützung durch Brigitte Ablöscher, Alfred Ackerbauer, Martin Panholzer, Renate Zaunscherb und Andreas Zechner. Danke.

Die Informationen in der vorliegenden Publikation beruhen zum größten Teil auf den Forschungsergebnissen des Instituts zur Erforschung der Geschichte der Gewerkschaften und Arbeiterkammern in der AK Wien, weiters auf der Nutzung der Bestände der Archive und der Bibliothek der AK Wien, des Archivs des Österreichischen Gewerkschaftsbundes (ÖGB) und der Gewerkschaftsarchive.

Sabine Lichtenberger (Institut zur Erforschung der Geschichte der Gewerkschaften und Arbeiterkammern), Friederike Scherr und Johanna Wagner (beide ÖGB Archiv), Elisabeth Tuschl (Archive der AK) sowie Herwig Jobst und Inge Neuböck (stellvertretend für die MitarbeiterInnen der AK-Bibliothek) sei an dieser Stelle für ihre unverzichtbare Kooperation herzlich gedankt.

Umschlaggestaltung: Kurt Schmidt

Medieninhaber: Verlag des ÖGB GmbH Wien

3. überarbeitete Auflage

Hersteller: Verlag des ÖGB GmbH Wien

Verlags- und Herstellungsort: Wien

Printed in Austria

ISBN 978-3-99046-066-5

BRIGITTE PELLAR

Eine andere Geschichte Österreichs

Gewerkschaft, soziale Verantwortung und menschliche Politik

in Zusammenarbeit mit Karin Gregor

Gewidmet den Kollegen und Kolleginnen,
welche die Gewerkschaftsbewegung als ihre Mitglieder tragen.

Inhalt

Inhalt

Dieses Buch ist ähnlich wie eine Zeitung gestaltet, jede Seite kann für sich allein gelesen und betrachtet werden.
Die moderne Schreibweise, die die männliche und weibliche Form zusammenfasst (wie KollegInnen), wird immer dann angewandt, wenn tatsächlich Männer und Frauen gemeint sind.

Vorwort des Präsidenten

Liebe Kollegin, lieber Kollege!

Die Geschichte der Gewerkschaftsbewegung ist die Geschichte vieler einzelner, engagierter und mutiger Menschen. Einige stehen im Rampenlicht, aber die Stärke der Gewerkschaftsbewegung machen jene aus, die sich im Kleinen für gewerkschaftliche Ideale wie Solidarität, Zusammenhalt und Gemeinschaft einsetzen. Ihnen allen ist dieser Ehrungsband gewidmet: Zigtausenden Menschen, die ihrer Gewerkschaft beitreten und diese große Gemeinschaft damit zu dem machen, was sie seit ihren Anfängen bis heute geblieben ist – eine engagierte Kämpferin für die Rechte und das Wohl der arbeitenden Menschen.

Es hatte und hat zu jeder Zeit Sinn, Mitglied der Gewerkschaft zu sein. Aus eigenem Interesse, um persönlich gut vertreten und beraten zu werden; und aus einem gemeinschaftlichen Interesse heraus, um als starke Gemeinschaft die Macht und die Kraft zu haben, die Arbeitsbedingungen weiter zu entwickeln, die Erhöhung von Löhnen und Gehältern zu erreichen und vieles mehr.

Der vorliegende Band bietet einen detaillierten Streifzug durch die Geschichte der Gewerkschaftsbewegung, der eines ganz deutlich macht: Geschenkt wurde und wird den ArbeitnehmerInnen zu keiner Zeit etwas. Um jede Verbesserung mussten wir kämpfen – sei es im Verhandlungsweg oder in den Betrieben und auf den Straßen. Und mit der gleichen Kraft, mit der wir um Verbesserungen kämpfen, müssen wir Verschlechterungen abwehren.

Wir haben viel erreicht, denken wir nur an unser gutes soziales Netz bei Krankheit, Arbeitslosigkeit und im Alter, an die klar geregelten Arbeitsbedingungen samt Löhnen, Gehältern und Arbeitszeiten oder an die Möglichkeiten der betrieblichen Mitbestimmung. Wir dürfen uns auf diesen Erfolgen aber nicht ausruhen. Die Arbeitsbedingungen ändern sich immer schneller, Stichwort Globalisierung. Wir müssen dafür geeignete Rahmenbedingungen schaffen, denn vieles ist dadurch unter Druck geraten, allen voran Einkommen und Arbeitsbedingungen.

Der Blick zurück in unsere Geschichte soll uns daher gleichzeitig Motivation sein, in der Gegenwart und in der Zukunft immer weiter für Verbesserungen zu arbeiten. Die Kämpfe unserer Mütter, Väter, Großmütter und Großväter sollen unseren Enkelkindern in ihren eigenen Auseinandersetzungen Kraft geben. Die Zeit des Austrofaschismus und Nationalsozialismus war neben vielen anderen Gruppen auch für GewerkschafterInnen oft lebensgefährlich – das muss uns ständig im Gedächtnis bleiben, und niemals dürfen wir Tendenzen kleinreden oder tolerieren, die verbrecherischen Ideologien nahe stehen.

„Der lange Marsch durch die lange Nacht der Geschichte hat uns stark gemacht“ beschreibt ein Lied sehr treffend. Wir müssen und können aus der Geschichte viel lernen. In diesem Sinn wünsche ich interessante Lektüre und bedanke mich gleichzeitig bei allen Kolleginnen und Kollegen, die der Gewerkschaftsbewegung für ihren „Marsch“ die nötige Stärke gegeben haben und geben.

Glück auf,

Erich Foglar

Präsident des ÖGB

ÖGB

Vorwort des Vorsitzenden

Liebe Kollegin,
lieber Kollege,

dieses Buch ist Ihnen als Gewerkschaftsmitglied gewidmet.

Sie sind eine/r von weit über einer Million ÖsterreicherInnen, die zusammen unsere Gewerkschaftsbewegung bilden. Damit leisten Sie einen entscheidenden Beitrag zur Vertretung und Verteidigung der ArbeitnehmerInneninteressen. Seit Jahrzehnten unterstützen Sie die GPA-djp und sind mit uns durch viele Hochs und auch Tiefs gegangen. Das ist keine Selbstverständlichkeit, sondern etwas Besonderes, für das wir uns bei Ihnen persönlich bedanken möchten.

Wir GewerkschafterInnen haben einen weiten Weg hinter uns, in etwa 150 Jahren aus der Illegalität zu einem zentralen Machtfaktor im österreichischen politischen System. Einen wichtigen Teil dieser Strecke sind wir gemeinsam gegangen und haben die GPA-djp zu dem gemacht, was sie heute ist: Trotz Krise der vergangenen Jahre sind wir heute eine Interessenvertretung, deren Notwendigkeit und Nützlichkeit allgemein anerkannt wird – von den ArbeitgeberInnen genauso wie von den politischen Parteien und der Bevölkerung.

Heute wie damals sehen wir uns immer neuen Herausforderungen gegenüber. Weil die Arbeitswelt sich verändert hat, müssen auch wir uns immer wieder verändern:

Wir müssen damit umgehen, dass in größeren Industriebetrieben die Anzahl der Beschäftigten nicht mehr steigt und immer mehr Menschen im Dienstleistungssektor beschäftigt sind. ArbeitnehmerInnen wechseln immer häufiger ihren Arbeitsplatz und auch die rechtliche Form der Beschäftigung. Viele Menschen in Österreich sind atypisch beschäftigt – eine sehr heterogene Gruppe, die mit unterschiedlichsten Risiken zu kämpfen hat: Einkommensunsicherheit, unzureichende soziale Absicherung, Armutsgefährdung. Vor allem Frauen sind überproportional von diesen Risiken betroffen. Prekarisierung von Beschäftigungsverhältnissen und Arbeitslosigkeit führen dazu, dass die Schere zwischen Arm und Reich immer weiter auseinander driftet – nicht nur bei den atypischen ArbeitnehmerInnen sondern auch bei den Angestellten.

Wir erleben auch, dass moderne Arbeitsorganisation ArbeitnehmerInnen immer mehr zu „ArbeitskraftunternehmerInnen“ macht. ArbeitnehmerInnen müssen für die eigene Arbeit immer mehr Verantwortung übernehmen. Ziele werden nicht nur gesetzt, sondern verbindlich vereinbart. Die Folge sind mehr Druck und verschärfte Ergebniskontrollen. Immer mehr Menschen in dieser veränderten Arbeitswelt leiden unter Stress und Arbeitsüberlastung. Burnout ist längst keine ManagerInnenkrankheit mehr.

All diesen unterschiedlichen Herausforderungen stellen wir uns Tag für Tag:

Wir setzen uns dafür ein, dass die Beschäftigten in der Industrie ihren Anteil am wirtschaftlichen Erfolg ihrer Unternehmen erhalten und kämpfen gleichzeitig dafür, dass auch Menschen abseits der Industrie, also im Handel oder in der Pflege, ihren gerechten Anteil am wirtschaftlichen Aufschwung bekommen. Denn ihre Arbeit trägt ganz wesentlich dazu bei, dass der Konjunkturmotor reibungslos läuft.

Arbeitszeitverkürzung, neue Arbeitszeitmodelle und lebensphasengerechte Arbeitszeit sind für uns als Antwort auf den steigenden Arbeitsdruck so wichtig wie eh und je. Wir setzen uns daher dafür ein, dass neue Arbeitszeitmodelle und Arbeitszeitflexiblisierung nicht den Unternehmen, sondern in erster Linie den ArbeitnehmerInnen nutzen.

Im Interesse der ArbeitnehmerInnen zögern wir nicht, wo immer notwendig, auch mit schärferen Mitteln gegen die ArbeitgeberInnen vorzugehen, ungewohnte Wege einzuschlagen und dies nicht nur bei überheblichen Textildiskontern.

Liebe Kollegin, lieber Kollege,

ohne Ihre Mitgliedschaft hätte die GPA-djp eine Kraft weniger, die ihr bei Kollektivvertragsverhandlungen den Rücken stärkt.

Ohne Ihre Mitgliedschaft hätten die BetriebsrätInnen der GPA-djp eine Kraft weniger, die ihnen bei der Arbeit im Betrieb den Rücken stärkt. Ohne Ihre Verbundenheit mit der Gewerkschaftsbewegung hätten wir keine Chance gehabt, auch in den schwierigen vergangenen Jahren eine erfolgreiche Interessenvertretung zu sein.

Ohne Ihre Mitgliedschaft wäre der ÖGB auch schwächer bei den Sozialpartnerverhandlungen mit den RepräsentantInnen der ArbeitgeberInnen und des Staates.

Als Vorsitzender danke ich Ihnen im Namen des Bundesvorstands der GPA-djp für Ihr Bekenntnis zur Gewerkschaftsbewegung.

Wolfgang Katzian

Vorsitzender

GPA djp
GEWERKSCHAFT DER PRIVATANGESTELLTEN
DRUCK - JOURNALISMUS - PAPIER

Soweit nicht ausdrücklich anders angeführt, stammen Bilder und Grafiken in dieser Publikation aus den Beständen des ÖGB-Archivs, des ÖGB-Bildarchivs und der historischen Bibliothek des ÖGB-Archivs, der Fraktionen des ÖGB, der Abteilungen für Öffentlichkeitsarbeit und der Archive der
Gewerkschaften, der Archive der Arbeiterkammer Wien und der Bundesarbeitskammer, der Sozialwissenschaftlichen Bibliothek der Arbeiterkammer Wien, des Instituts zur Erforschung der Geschichte der Gewerkschaften und Arbeiterkammern und der Privatsammlung der Autorin. Darüber hinaus
wurde folgendes Bildmaterial verwendet:

a) *bis Seite 95*: Ansichtenarchiv „Deutschland und die Welt" des Verlags Topographikon, Hamburg – *17 oben*; APA/Pfarrhofer A. – *76 Mitte*; Archiv der Israelitischen Kultusgemeinde Wien – *43 rechts unten*; Der Kuckuck 47/1931/Titelseite – *32 oben rechts*, 51/1930/S. 5 – *36 unten rechts*, 38/1929/S. 9 – *37 oben links*, 46/1932/S. 15 – *37 Mitte rechts*, 11/1933/Rückseite – *37 Mitte links*, 13/1930 /S. 5 – *40 oben rechts*; Dokumentationsarchiv des Österreichischen Widerstands – *41 oben, links unten*, *42 unten links*, *43 rechts oben*, *44 oben links*, *Mitte*, *unten rechts*; Jacobs H. E. „6000 Jahre Brot"/Rowohlt Verlag Hamburg 1954 – *17 unten*; Ludwig-Boltzmann-Institut für Stadtgeschichtsforschung Linz – *16 oben*; Mannsberger H. – *78 unten links*; Mauthausenkomitee – *84* ganz *unten rechts*; News 47/2003/S. 10,11, Fotos und Gestaltung Haiden, Vukovits, Schuster, Zach-Kiesling – *87 oben rechts*; Niederösterreichisches Landesmuseum (Gemäldeausschnitt) – *16 unten*; Österreichische Nationalbibliothek – *23 oben*, *29 links oben*, *32 Mitte*, *40 Mitte*, *unten rechts*, *41 Mitte rechts*, *43 links unten*, *45 rechts oben*, *55 oben*, *66 oben rechts*; Stadler Friedrich (Hrsg.). Arbeiterbildung in der Zwischenkriegszeit Otto Neurath – Gerd Arntz, Österreichisches Gesellschafts- und Wirtschaftsmuseum, Wien 1982 – *29 rechts unten*, 33; USIS – *52 Mitte*; Verein für Geschichte der Arbeiterbewegung – *18, 20, 22, 23 oben links*, *24, 26, 36 Mitte*, *42 unten rechts*, *46, 49* Hintergrund; Votava – *66 oben links*, *71 unten*, *85 oben rechts*; Website Firma Swietelsky, Homepage, Download 2. 3. 2008 – *120 unten*; Technisches Museum Wien – *19*; Wiener Stadt- und Landesarchiv – *48 unten rechts*; Wien Museum – *12, 16 unten*, *18, 32 oben links*.

b) *ab Seite 96:* Bauer Franz – *117 unten rechts;* Bezirksmuseum Wien-Ottakring – *105 oben rechts;* Christlichsozialer Arbeiterverein – *105 unten links;* Dokumentationsarchiv des Österreichischen Widerstands – *106 Mitte links, 120 links unten;* Druckmuseum Steiermark – *100 Mitte rechts, 102 unten links, 104 oben rechts, 109 rechts oben;* Friedrich Ebert Stiftung – *110 links unten;* Krieger Franz, *Salzburg* – *106 unten Mitte;* Museum Terezin/ Theresienstadt, Bilder von Otto Ungar – *120, 3. Reihe 2,3;*
National Gallery Washington – *100 unten rechts;* Österreichische Nationalbibliothek – *101 unten Mitte,*
103 Mitte rechts und unten rechts, 105 Mitte links, 108 oben Mitte, 114 oben rechts, 116 oben links außen, 116 Mitte links; ORF – *109 links 2. Bild v. o.;* Sammlung und Archiv Christian Brandstätter Wien – *103 unten links;* SPÖ Wien – *104 oben Mitte;* Technisches Museum Wien – *117 unten links;* USIS – *108 links unten, 122 oben rechts, 123 Mitte;* Verein für Geschichte der Arbeiterbewegung – *102 Mitte links, 104 oben links, 105 unten rechts, 106 oben links, 108 links Mitte, 116 Mitte rechts, 116 unten rechts; 120, 2. Reihe;* Wien Museum – *101 oben rechts, Mitte und unten links, 114 oben links, 115 unten rechts, 118 oben Mitte;* Wobrazek Walter – *109 links 3. Bild 3 v. o.;* www.schulen.wien.at/schulen/913022/comic1.htm (Comic „Otto und die Superschule") – *119 Mitte;* www.solingen-internet.de – *100 oben links und Mitte, links Mitte.*

Verlag und Autorin danken allen Institutionen und Personen, deren Bildmaterial in diesem Buch Verwendung fand.

Vorwärts und nicht vergessen
Worin unsre Stärke besteht!
Beim Hungern und beim Essen
Vorwärts, nie vergessen
Die Solidarität!

Wollen wir es schnell erreichen
Brauchen wir noch dich und dich.
Wer im Stich lässt seinesgleichen
Lässt ja nur sich selbst im Stich.

Vorwärts und nicht vergessen
Worin unsre Stärke besteht!
Beim Hungern und beim Essen
Vorwärts, nie vergessen
Die Solidarität!

Bert Brecht 1931

Die Entdeckung der Solidarität

unter der Herrschaft des Kaisers bis 1867:
Frühe Kämpfe der österreichischen ArbeiterInnenschaft

Die „gute alte Zeit" gab es nie. Die Mehrheit der Menschen musste immer darum kämpfen, genug zu essen, warme Kleidung und wenigstens einen Teil von Wissen und Bildung abzubekommen. Den ArbeiterInnen fehlte lange Zeit das Geld, das Wissen und die Macht, um im Kampf für ein besseres Leben und Mitsprache eine Chance zu haben. Aber sie fanden rasch heraus, dass die Chance größer wurde, wenn sie zusammenhielten.

12. – 18. Jhdt Bergarbeiter als Vorreiter der Gewerkschaftsidee

18. Jhdt Handwerksgesellen wehren sich

1848 Revolution – erste Gewerkschaftsaktivitäten, Wahlrecht für Arbeiter

In den Ländern, in denen die Habsburger-Kaiser herrschten, hinkten viele Gebiete hinter dem Rest von Europa nach, darunter die meisten Regionen des heutigen Österreich. Die Entwicklung zur modernen kapitalistischen Wirtschaft setzte hier später ein als anderswo. Aber auch hier ließ sich der Zusammenschluss der ArbeiterInnenschaft zum Kampf für ein besseres Leben nicht aufhalten.

Ab 1299 entstanden in Böhmen Knappschaftskassen zur gegenseitigen Unterstützung der Bergarbeiter. 1411 bildeten sich in Österreich die ersten Bruderschaften der Handwerksgesellen, denn ihre Zünfte hatten sich zu reinen UnternehmerInnenorganisationen gewandelt. Die Konflikte zwischen Gesellen, MeisterInnen und staatlicher Obrigkeit nahmen ständig zu. Neben besseren Löhnen wurden Beschäftigungsgarantie und humane Arbeitszeiten gefordert. Viele arbeitslose Gesellen fanden wie andere Arme in einer der neuen Fabriken Beschäftigung.

Die Ideen der Französischen Revolution wurden in Österreich brutal unterdrückt, auch später hielt man das „Volk" von jeder Mitbestimmung fern. Gewerkschaftsgründung war ein Schwerverbrechen. Trotzdem wagten es einige ArbeiterInnengruppen, bessere Bedingungen zu fordern, und hatten manchmal sogar Erfolg. Kollektivvereinbarungen und politische Rechte für Arbeiter konnten erstmals in der Revolution von 1848 erstritten werden. Dann unterdrückte der „neue Absolutismus" aber für fast 20 Jahre wieder alle demokratischen Regungen.

Am 13. März 1848 ließ Erzherzog Albrecht in die Menge vor dem niederösterreichischen Landhaus schießen, darunter ArbeiterInnen, die sich mit Studenten und BürgerInnen gegen die Diktatur verbündet hatten.

Die Entdeckung der Solidarität

Im Berg- und Hüttenwesen entstanden frühzeitig von den Arbeitgebern wirklich unabhängige Interessenorganisationen. Die moderne kapitalistische Wirtschaft begann hier vor mehreren Jahrhunderten. Die freien Handwerker und Knappen wurden schon im Spätmittelalter zu abhängigen Lohnarbeitern, die unabhängig von ihrem Beruf als Zimmerleute, Knappen oder Eisenarbeiter unter den gleichen Arbeitsbedingungen standen. Ihre aus den zunftähnlichen Knappschaften weiterentwickelten gewerkschaftsähnlichen Zusammenschlüsse waren zum Teil regelrechte Wehrformationen.

Michael Gaismair (ca. 1490 – 1532) (oben Mitte) war Sekretär des Fürstbischofs von Brixen und schloss sich aus Solidarität den aufständischen Bauern und Bergleuten an. Seine Forderung nach einem demokratischen Sozialstaat stieß bei den Herrschenden auf wenig Gegenliebe. Der Kaiser ließ ihn nach seiner Flucht ermorden. Die anderen Anführer der Bergleute wurden nach der Niederlage in Innsbruck geköpft (oben links).

In die Bruderlade zahlte jeder Bergmann regelmäßig von seinem Lohn ein, Kranke und Alte erhielten daraus Unterstützung (oben rechts die Bruderlade der Bergleute von Gußwerk/Steiermark). Das war die älteste Form der Sozialversicherung auf Grundlage der Solidarität zwischen Alten und Jungen, Gesunden und Kranken.

Während des Bauernkriegs 1525/26 kämpften Bergleute in Tirol, Salzburg, Kärnten und in der Steiermark auf der Seite der Bauern für Religionsfreiheit und eine sozial gerechte Gesellschaftsordnung. In Tirol konnten sich die Aufständischen unter der Führung von Michael Gaismair sogar einige Zeit durchsetzen. Sie forderten:

- Bergarbeiter und Bauern in die Regierung
- Landverteilung
- Verstaatlichung von Bergwerken und Handel
- Lohn in Bargeld
- Abschaffung der Zünfte

Trotz vieler Rückschläge erreichten die Bergarbeiter bereits um 1700 Arbeits- und Lohnbedingungen wie sie andere ArbeitnehmerInnengruppen erst sehr viel später durchsetzen konnten.

Im 18. Jahrhundert begannen sich DienstbotInnen und Handwerks„knechte" gegen ihre unzumutbaren Arbeits- und Lebensbedingungen zu wehren.

Aus dem Jahr 1704 wird von einem „Lakaientumult" in Wien berichtet. Als einer der „Rädelsführer" galt ein junger Afrikaner aus dem legendären Königreich Kongo (heute Angola), das sogar eine diplomatische Vertretung in Wien unterhielt. Er war wahrscheinlich als Diener eines hochgestellten Landsmanns oder eines portugiesischen Händlers nach dem Norden gekommen. Die Gründe, die ihn in Wien festhielten, sind unbekannt. Er wurde zum Tod verurteilt. Man taufte ihn noch schnell vor der Hinrichtung auf den Namen Jacob Bock.

1715 streikten erstmals die Wiener Schustergesellen. In der Folge gab es bis zum Jahre 1722 eine Reihe von länderübergreifenden Aufständen. Ende Oktober 1722 nahmen sie ihr größtes Ausmaß an. Während der Unruhen in Wien wurden sieben Menschen, darunter drei Schuster und zwei Bäcker, von den Wachen erschossen. Militär schlug dann den Aufstand endgültig nieder, zwei Schustergesellen wurden zum Tod verurteilt und zur Abschreckung öffentlich gehenkt. 100 Jahre später verhängte die Regierung ein vollständiges Koalitionsverbot. Für Zusammenschlüsse von Gesellen oder ArbeiterInnen drohte die Todesstrafe.

Visitenkartenhalter in Form eines afrikanischen Lakaien, vermutlich Großbritannien oder britische Kolonien, 19. Jahrhundert (rechts oben). Im 18. Jahrhundert waren schwarze Dienstboten Symbole des Reichtums.

Schuh„knechte" im 18. Jahrhundert (links unten). Die Bezeichnung „Knechte" erklärte die Handwerksgesellen wie die Diener zu Menschen ohne volle Rechtspersönlichkeit.

Streiks von Schustergesellen gab es zwischen 1710 und 1730 nicht nur in Wien, und nicht nur in Wien wurden die Streikenden blutig verfolgt. (Rechts unten die Fahndungsliste des Augsburger Magistrats gegen die in einen Nachbarort geflohenen Streikenden aus dem Jahr 1726.)

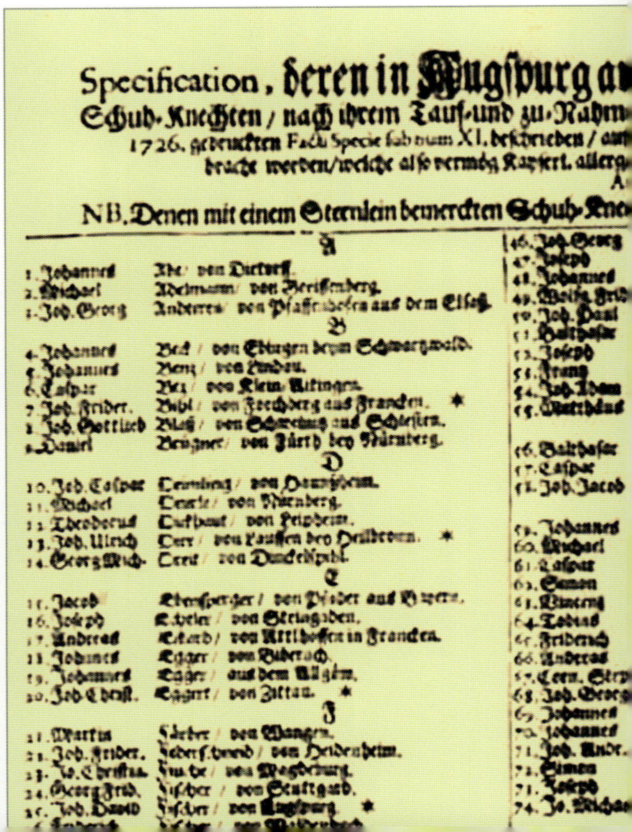

Specification, deren in Augspurg a...
Schuh-Knechten / nach ihrem Tauf- und Zu-Nahm...
1726. gedruckten Facti Specie sub num. XI. beschrieben / ...
bracht worden/welche also vermög Kayserl. allerg...

NB. Denen mit einem Sternlein bemerckten Schuh-Kne...

A
1. Johannes Abe / von Dietorf.
2. Michael Abelmann / von Bereisenberg.
3. Joh. Georg Anderres / von Pfaffenhofen aus dem Elsaß.
B
4. Johannes Beck / von Ebingen beym Schwarzwald.
5. Johannes Benz / von Lindau.
6. Caspar Bex / von Klein-Aitingen.
7. Joh. Frider. Bibl / von Feuchberg aus Francken. *
8. Joh. Gottlieb Blaß / von Schweinitz aus Schlesien.
9. Daniel Brugner / von Fürth bey Nürnberg.
D
10. Joh. Caspar Deinling / von Heimsheim.
11. Michael Deckle / von Nürnberg.
12. Theodorus Dußbaur / von Leipheim.
13. Joh. Ulrich Derr / von Lauffen bey Heilbronn. *
14. Georg Mich. Deeg / von Dünckelspühl.
E
15. Jacob Ebersperger / von Pfaffer aus Bayern.
16. Joseph Edeler / von Steingaden.
17. Andreas Eckard / von Attelhofen in Francken.
18. Johannes Egger / von Biberach.
19. Johannes Egger / aus dem Allgäu.
20. Joh. Christ. Eggert / von Zittau. *
F
21. Martin Färber / von Wangen.
22. Joh. Frider. Federschwend / von Heidenheim.
23. Jo. Christia. Fuchs / von Magdeburg.
24. Georg Frid. Fischer / von Stuttgard.
25. Joh. David Fischer / von Augspurg. *

46. Joh. Georg
47. Joseph
48. Johannes
49. Wolfg. Frid...
50. Joh. Paul
51. Balthasar
52. Joseph
53. Franz
54. Joh. Adam
55. Matthäus
56. Balthasar
57. Caspar
58. Joh. Jacob
59. Johannes
60. Michael
61. Caspar
62. Simon
63. Vincenz
64. Tobias
65. Friderich
66. Andreas
67. Corn. Ge...
68. Joh. Georg
69. Johannes
70. Johannes
71. Joh. Andr.
72. Simon
73. Joseph
74. Jo. Michae...

Die Entdeckung der Solidarität

Die Kaiserdiktatur versuchte zwar, die Ideen der Französischen Revolution von Österreich fern zu halten, aber ganz gelang ihr das vor allem unter der ArbeiterInnenschaft nicht.

Die staatlichen Forst- und Salinenarbeiter des Salzkammerguts richteten 1799 eine Petition an den Kaiser und verlangten, dass ihre Hungerlöhne etwas aufgebessert würden. In der Petition hieß es, Seine Majestät solle sich darauf besinnen, was 1789 in Frankreich geschehen war, und selbiges in seinem eigenen Land nicht für unmöglich halten. Die Sprecher der Arbeiter waren der Bergzimmer„knecht" Josef Pfandl und der Maurer Georg Engl. Der Lehrer Josef Hinterer unterstützte sie. Die Arbeiter hatten mit ihrer Lohnforderung Erfolg, Pfandl wurde allerdings wegen „Aufruhrs" zu Kerkerhaft verurteilt und floh ins Ausland.

In Wien waren die Textilarbeiterinnen vom „französischen Bazillus" schon früher angesteckt worden: 1792 demonstrierten sie auf dem späteren Heldenplatz gegen Unrecht und soziale Missstände. Es war die erste große Protestaktion von ArbeiterInnen in Wien nach dem gescheiterten Aufstand der Schuh„knechte" am Anfang des Jahrhunderts.

Salzarbeiter um 1800 mit handgemachten Salzstücken oder „Füderln", wie sie wegen ihrer Beliebtheit in kleiner Menge noch bis 1924 hergestellt wurden (links oben).

Arbeiterin mit Tochter, aus einem Gemälde von Ferdinand Georg Waldmüller von 1857 (links unten). Die Kleidung des „gemeinen Volks" hatte sich im Verlauf der vergangenen 50 Jahre kaum verändert. Das Wort „gemein" wurde wie das englische „common" verwendet, bedeutete also „allgemein" oder „gewöhnlich".

Promenade auf der Burgbastei um 1800 (unten). Hier demonstrierten die Textilarbeiterinnen.

Bäcker„jungen“ um 1800. Sie waren keineswegs Kinder, sondern ziemliche raue Mannsbilder. Man nannte sie Bäcker„jungen“, wie man die Kuhhirten in den USA als Cow„boys“ bezeichnete. Beides signalisierte die fehlende Anerkennung dieser Berufe in der Gesellschaft.

Salzburg im 19. Jahrhundert

In Salzburg wehrten sich die Bäcker„jungen“ 1801 gegen die Einführung der Nacht- und Sonntagsarbeit. Ein Bericht über diesen Streik und über den Solidaritätsstreik der anderen Handwerksgesellen ist erhalten geblieben:

„Ihnen ihre Widersetzlichkeit zu vertreiben, ließ die Polizei … mehrere Jungen durch Gerichtsdiener und Militär ausheben, drei davon an das kaiserliche Militär abstellen, sechs in Eisen nach Werfen abführen, zwei an das salzburgische Militär abliefern und die übrigen im Rathaus von mehr als 50 Soldaten bewachen. … Unwillig über ein solches Verfahren verabredeten sich die übrigen Zünfte, so lange nicht arbeiten zu wollen, bis die Bäckerjungen wieder freigegeben sein würden!“

Militär mit scharfer Munition beendete den Streik schließlich, die Revolution fand nicht statt, aber die Erfahrung der Solidarität blieb.

Der Ohnehose.

Diese Zeitung erscheint täglich Abends, und kostet vierteljährig 1 fl., monatlich 24 kr., das einzelne Blatt 1 kr. Conv.-Münze.

Volksblatt
für
unumschränkte Freiheit und sociale Reform.

Jeden Sonntag bekommen die Abonnenten eine Beilage, genannt: die schwarze Tafel, auf welcher die Geldwucherer an den Pranger gestellt werden.

Verantwortlicher Redacteur: Heinrich Blumberg. Redactions-Bureau: Schönlaterngasse Nr. 681

No. 3. Wien, Dienstag den 11. Juli 1848.

Schwur der ArbeiterInnen vor dem Wiener Stephansdom (oben). „Ihr nennt uns Gesindel, wir nennen uns von jetzt an Bürger", sagten sie.

Eine der vielen Zeitschriften des Revolutionsjahrs 1848 (links). Erstmals wurde öffentlich über die „soziale Frage" diskutiert.

Als am 13. März 1848 eine demokratische Verfassung gefordert wurde, erhoben sich auch die ArbeiterInnen in den Wiener Vororten. Mit ihrer Hilfe gelang es, die Kaiserdiktatur abzuschütteln und für Juni allgemeine Wahlen vorzubereiten. Es gab allerdings noch kein Frauenwahlrecht, obwohl Frauen beim Barrikadenbau halfen, und Arbeiter durften wählen, aber nicht kandidieren. Doch die neuen Freiheiten machten es immerhin möglich, Fachvereine zu gründen und wegen besserer Löhne und Arbeitsbedingungen zu verhandeln. Maurer, Schmiede, Kellner und Seifensieder setzten Vereinbarungen mit den UnternehmerInnen durch. Bei den Buchdruckern gab es sogar einen überregionalen Kollektivvertrag, denn die Revolution war ja nicht auf Wien beschränkt. Im Juni erfolgte die Gründung des „Ersten Allgemeinen Arbeitervereins" unter dem Vorsitz des Schustergesellen Friedrich Sander, der Gleichberechtigung der ArbeiterInnenschaft und sozialpolitische Maßnahmen forderte. Aber noch im Sommer wurde eine ArbeiterInnendemonstration gegen Lohnkürzungen brutal aufgelöst und als die kaiserliche Armee im Oktober anrückte, verteidigten nur mehr wenige bürgerliche DemokratInnen mit den ArbeiterInnen die Revolution. Viele „1848er" flohen in die USA. Sie waren dort am Aufbau einer neuen Gewerkschaftsbewegung beteiligt, von der die Weltkampagne für den Achtstundentag ausging.

ArbeiterInnen beim Bau der Semmeringbahn 1854, Chromolitographie von Emmerich Benkert.

Die Frauen und Männer, die das technische Meisterwerk bauten, kamen aus vielen Ländern, besonders aber aus Italien. Sie lebten in erbärmlichen Barackenlagern unter katastrophalen hygienischen Verhältnissen. Deswegen kam es mehrmals zum Ausbruch von Typhusepidemien mit vielen Todesopfern.

Als die ArbeiterInnen am Semmering 1850 wegen der hohen Preise und der schlechten Qualität der Nahrungsmittel protestierten, machte Militär diesen „Arbeiterexzessen" rasch ein Ende. Die Unterstützungskasse für erkrankte Buchdrucker und Schriftgießer, die sogar von der alten Kaiserdiktatur geduldet worden war, wurde unter dem „neuen Absolutismus" des jungen Kaisers Franz Joseph und seiner Minister aufgelöst. Das „Allgemeine Berggesetz" unterstellte die freien Knappschaftskassen der Bergleute der Kontrolle der Unternehmen.

Für ein besseres Leben

unter der Herrschaft des Kaisers 1867 bis 1918:
Die junge Gewerkschaftsbewegung, erste Kollektivverträge, Kampagne für Demokratie

1869/70 Koalitionsfreiheit durchgesetzt

1893 Reichskommission der Freien Gewerkschaften

1896 Erster Kollektivvertrag (Buchdrucker)

1906/09 Zentralkommission der christlichen Gewerkschaften

1867 entstand die Doppelmonarchie Österreich-Ungarn. Zu „Österreich", gehörten auch Tschechien, Slowenien und Gebiete in Italien, Polen und der Ukraine. Dieses „Reich" erhielt 1867 ein Parlament für Besitzende und eine Verfassung mit dem Recht auf Vereins- und Versammlungsfreiheit, aber für Gewerkschaftsarbeit drohte weiter Kerkerstrafe. 1870 erreichte die junge Arbeiterbewegung dann das „Koalitionsgesetz", das die Strafdrohung beseitigte. Jetzt bildeten sich die ersten legalen Fachvereine.

Die sozialistische Arbeiterbewegung der Frühzeit war gespalten. Um eine gerechte Gesellschaft zu schaffen, setzten die SozialdemokratInnen auf Demokratie, die AnarchistInnen wollten den Staat beseitigen. Nach Terroranschlägen wurden die Grundrechte vorübergehend aufgehoben, andererseits sollte die ArbeiterInnenschaft durch Sozialgesetze „befriedet" werden.

Auch die ersten Gewerkschaftsvereine waren von dem allen betroffen. Mit der Einigung zwischen „Gemäßigten" und „Radikalen" Anfang 1889 und der Gründung der „Sozialdemokratischen Arbeiterpartei" kam aber der Neubeginn.

1893 entstand die „Reichskommission der Freien Gewerkschaften", 1910 folgte die „Reichskommission der christlichen Gewerkschaften", nachdem Papst Leo XIII. 1891 katholische Gewerkschaften erlaubt hatte. Dazu kamen tschechisch-sozialdemokratische, deutsch- und tschechischnationale Organisationen.

Nur die Freien Gewerkschaften trugen die Wahlrechtskampagne, die 1907 zu einem demokratischen Wahlrecht für Männer führte. Bei Arbeitskämpfen agierten aber die Richtungsgewerkschaften manchmal gemeinsam.

In den 1890er Jahren gab es die ersten Kollektivverträge, die bessere Löhne und Arbeitszeitverkürzungen brachten. Während des Ersten Weltkriegs hatten die Gewerkschaften zunächst keine Chance, aber gegen Kriegsende konnten sie wieder punkten. 1917 kam es zur ersten Angleichung von Frauen- an Männerlöhne.

Poster der sozialdemokratischen Zeitschrift „Glühlichter" zum 1. Mai 1904. Seit der ersten Maidemonstration 1890 waren der Achtstundentag und ein demokratisches Wahlrecht die zentralen Forderungen.

Der Vorstand des Gumpendorfer Arbeiterbildungsvereins 1867. Ganz oben (rechts neben der linken Fahne) der Musiker Josef Scheu (1841 – 1904). Er gründete die erste Musikergewerkschaft und komponierte das „Lied der Arbeit" (rechts), das in der Zweiten Republik auch zum Abschluss der Kongresse des Österreichischen Gewerkschaftsbundes gesungen wurde. Der Text stammt von dem Graveurgehilfen Josef Zapf (1847 – 1902).

Der Gumpendorfer Arbeiterbildungsverein wurde sofort nach dem Inkrafttreten der Vereins- und Versammlungsfreiheit gegründet. Das Vereinsziel „Bildung" bestand nicht nur zur Tarnung für noch immer verbotene sozialdemokratische („staatsgefährdende") und gewerkschaftliche Aktivitäten, sondern war ein echtes Anliegen der Mitglieder. Sie wussten, dass Menschen, denen die Chance auf gute Bildung vorenthalten wird, auch wenig Chance haben, ihre Interessen in Gesellschaft und Wirtschaft durchzusetzen. Sie waren auch zutiefst davon überzeugt, dass sich die ArbeitnehmerInnen das Recht erkämpfen mussten, an der großen Kultur der Vergangenheit und der lebendigen der Gegenwart teilzuhaben. Sie hatten einen eigenen Chor, der von Josef Scheu geleitet wurde und das „Lied der Arbeit" 1868 erstmals – vor 3000 BesucherInnen – vortrug.

Auch in den anderen großen Städten der „Reichsratsländer" errichteten ArbeiterInnen Bildungsvereine, die unter Polizeiaufsicht standen, immer wieder verboten und neu gegründet wurden. Ihre Organisatoren waren zumeist sehr jung und mutig. Sie errichteten trotz des Verbots Fachsektionen als Vorläuferinnen eigenständiger Gewerkschaftsvereine, die auch die zahlreichen Streiks gegen die unzumutbaren Arbeits- und Lebensbedingungen koordinierten. Die Fachsektionen waren außerdem die Plattformen für die Kampagne gegen das Koalitionsverbot.

Die ersten Reichsratsabgeordneten fuhren mit Kutschen zu den Sitzungen im provisorischen Parlamentsgebäude, das „gemeine Volk" durfte zusehen (oben). Am 13. Dezember 1869 fand hier die Großdemonstration gegen das Koalitionsverbot statt. Die Koalitionsfreiheit wurde durchgesetzt, aber die „Rädelsführer" (links) erhielten Kerkerstrafen. Ihre Begnadigung hatten sie der Revolutionsangst zu verdanken. Denn 1871 proklamierte die Pariser Bevölkerung nach einem Aufstand eine sozialistische Stadtregierung, die Commune (unten).

Einer der Organisatoren der Demonstration von 1869 war Andreas Scheu (Mitte rechts im inneren Bildkreis), der Bruder von Josef Scheu, der später nach Großbritannien ging und dort in der ArbeiterInnenbewegung eine wichtige Rolle spielte. Heinrich, der dritte Bruder, war einer der führenden Köpfe der deutschen und schweizer Sozialdemokratie. Er schrieb eine berühmte Reportage über den Prozess von 1870. Als Folge der Demonstration wurden alle Arbeiterbildungs- und Fachvereine bis auf den Buchdruckerverein verboten. Aber nach stürmischen Protestdemonstrationen gestatteten die Behörden zunächst eine Neugründung – jetzt auch von legalen gewerkschaftlichen Fachvereinen.

Manche der ersten Fachvereine erreichten schon erhebliche Arbeitszeitverkürzungen bis zu neun Stunden. Den Achtstundentag gab es damals nur unter der Commune-Regierung in Paris, die aber bald in einem blutigen Gemetzel vertrieben wurde.

Der Aufruf der Sozialistischen Internationale, am 1. Mai für den Achtstundentag zu demonstrieren, wurde nirgends in so hohem Maß befolgt wie in Österreich. Obwohl überall Militär und Polizei in Bereitschaft standen, verliefen die Großkundgebungen in den meisten Städten des heutigen Österreich friedlich. An anderen Orten, etwa in Prag, griffen dagegen die Sicherheitsorgane brutaler durch. Bis zum Ende der Monarchie wurde der 1. Mai in vielen Kollektivverträgen von den UnternehmerInnen als freier Tag anerkannt.

Wien 1890. Nach der 1. Mai-Kundgebung auf der Ringstraße spazierten die ArbeiterInnen in den Prater, um mit den Familien zu feiern.

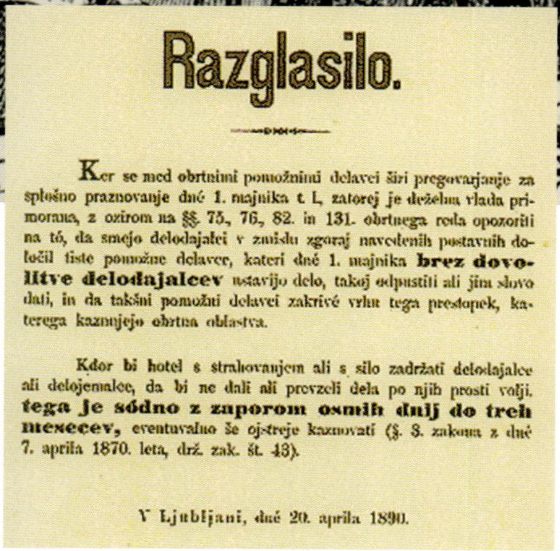

Razglasilo.

Ker se med obrtnimi pomožnimi delavci širi pregovarjanje za splošno praznovanje dné 1. majnika t. l., zatorej je deželna vlada primorana, z ozirom na §§. 75., 76., 82. in 131. obrtnega reda opozoriti na tó, da smejo delodajalci v zmislu zgoraj navedenih postavnih določil tiste pomožne delavce, kateri dné 1. majnika **brez dovolitve delodajalcev** ustavijo delo, takoj odpustiti ali jim slovo dati, in da takšni pomožni delavci zakrivé vrhu tega prestopek, katerega kaznujejo obrtna oblastva.

Kdor bi hotel s strahovanjem ali s silo zadržati delodajalce ali delojemalce, da bi ne dali ali prevzeli dela po njih prosti volji, **tega je sódno z zaporom osmih dnij do treh mesecev,** eventualno še ojstreje kaznovati (§. 8. zakona z dné 7. aprila 1870. leta, drž. zak. št. 43).

V Ljubljani, dné 20. aprila 1890.

Ljubljana 1890: Der Statthalter drohte damit, dass die Arbeitgeber das Recht hätten, bei unerlaubter Teilnahme an der 1. Mai-Demonstration die sofortige Entlassung auszusprechen.

Budapest 1898: Im ungarischen Staat der Donaumonarchie war man zwar weltanschaulich liberaler als in „Österreich", aber dafür gewerkschaftsfeindlicher.

Praha 1906: In Böhmen fanden neben Wien die größten Maidemonstrationen statt.

Ab 1889 entstanden viele neue Fachvereine und etliche von ihnen schlossen sich schon zu überregionalen Verbänden zusammen. Sie koordinierten ihre Tätigkeit auf „Fachtagen", die oft auch die ungarischen KollegInnen einbezogen. Für die Reichsratsländer tagte zu Weihnachten 1893 in Wien der erste Reichskongress der Freien Gewerkschaften. 138 Delegierte kamen aus Wien und Niederösterreich, 112 Delegierte aus den anderen Kronländern, einem Gebiet, das von Czernowitz/Czernivzi bis Bregenz und von Lemberg/Lviv bis Triest/Trieste reichte. Sie wählten die „Reichskommission der Freien Gewerkschaften" mit Vertretern aus allen Branchen und drei fest Angestellten.

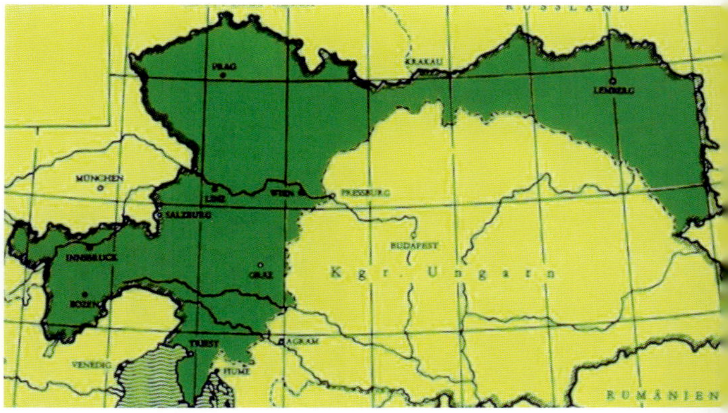

Die Gewerkschaftskommission 1895 (rechts Mitte). Vertreten waren die BauarbeiterInnen, die Glas- und keramische Branche, die HolzarbeiterInnen, die Chemische Industrie, die Lebensmittelbranche, die Verkehrsbediensteten, die Handelsangestellten und HilfsarbeiterInnen, die TextilarbeiterInnen, die MetallarbeiterInnen, die Bekleidungsindustrie und die DruckereiarbeiterInnen. Der Drechsler Anton Hueber (sitzend zweiter von rechts) war der Leitende Sekretär, die Anliegen der slawischen KollegInnen vertrat Karel Kořinek (zweiter von rechts stehend). Anna Boschek hatte die Aufgabe, die Frauenorganisation aufzubauen.

Als Vorläufer der Gewerkschaftsjugend wurde 1894 der „Verband Jugendlicher Arbeiter" gegründet. Deshalb hieß die Zeitschrift der Gewerkschaftsjugend „Der jugendliche Arbeiter", bis sie in „Hallo" umbenannt wurde.

Der Kongress von 1893 verpflichtete die Gewerkschaften, Frauen gleichberechtigt aufzunehmen, für HilfsarbeiterInnen galt dies erst ab 1896.

Die ehemalige Fabrikarbeiterin Adelheid Popp in einer Versammlung arbeitsloser Frauen.

Lehrlinge vor 1900. Die Berufsschule hieß Fortbildungsschule und fand in der Früh vor der Arbeit, am Abend und/oder am Sonntag statt.

Die „Arbeiter-Experten" der Arbeiterkammer-Enquete des Reichsrats 1889.

Die Vertreter der Freien Gewerkschaften lehnten das geplante Gesetz zur Errichtung von Arbeiterkammern ab. Sie wollten zwar Arbeiterkammern, aber nicht als Ersatz für ein demokratisch gewähltes Parlament. Denn der Plan sah vor, dass diese Kammern für Millionen Menschen ein paar wenige Abgeordnete entsendet hätten.

Die Demonstration der 200.000 für das allgemeine, gleiche, direkte Wahlrecht am 13. Dezember 1905 in Wien.

Die Freien Gewerkschaften standen an vorderster Front des Wahlrechtskampfs: Als das Parlament die Reform trotz der Demonstration weiter verschleppte, kam es zum Generalstreikbeschluss der Wiener Gewerkschaften. Das wirkte, denn außerdem hatten die EisenbahnerInnen kurz zuvor die Kommunikationsnetze der Monarchie lahm gelegt.

Ferdinand Hanusch, der Zentralsekretär der Union der Textilarbeiter und spätere Staatssekretär für Soziales, während des Wahlkampfs zu den Reichsratswahlen 1907.

In dem kleinen roten Buch wurden die neuen Abgeordneten vorgestellt. Beim Lebenslauf der meisten Gewerkschafter waren Kerkerstrafen wegen „politischer Delikte" angegeben.

Das Wahlrecht für Frauen war noch nicht durchzusetzen gewesen, obwohl es die Gewerkschaften immer gefordert hatten. Aber wenigstens eine Hälfte der Bevölkerung konnte 1907 und 1911 demokratisch wählen. Das war bis zu diesem Zeitpunkt der größte politische Fortschritt in der Geschichte Österreichs.

In Vorarlberg und Niederösterreich bildeten sich die ersten katholischen Arbeitervereine auf dem Gebiet der Republik Österreich (oben links).

Gedenktafel zur Erinnerung an die erste Sozialenzyklika „Rerum novarum" und Papst Leo XIII. in der Eingangshalle des Lehrlingshauses der Kalasantiner in Wien (oben rechts).

Nieder-Österreich 28 137
Wien (Hernals) st.
Wb. 20.117, chr.-s. 9344, s.-d. 7827.

*Leopold Kunschak (78).
(Christlichsozial.)

Redakteur i. Wien, früher Sattlergeh. Geb. 11./11. 71 in Wien (kath.). Bes. d. sechskl. Volkssch. ebd. u. diente als Ers.-Res. b. 1. Ldwr.-Rgt. Gem.-R. v. Wien, Mitgl. d. Bez.-Sch.-R., d. Beir. z. Verwalt. d. Krankenanstaltenfonds u. d. Arbeitsbeirates im Hdl.-Min. Vors. d. Part.-Vertr. d. chr.-s. Arb. Öst., Obm. d. chr.-s. Arb.-Ver. f. N.-Öst. R. s. 07.

Leopold Kunschak (1871 – 1953), später erster Nationalratspräsident der Zweiten Republik, wurde 1907 für die Christlichsoziale Partei in den Reichsrat gewählt. Er war damit auch einer der ersten Arbeitervertreter mit einem Abgeordnetenmandat.

Als es ab 1867 erlaubt war, Vereine zu gründen, entstanden auch einige katholische ArbeiterInnenvereine. Aber Gewerkschaften konnten KatholikInnen erst gründen, nachdem Papst Leo XIII. 1891 die Koalitionsfreiheit befürwortet und katholische Gewerkschaften gestattet hatte. 1892 organisierte der Sattlergehilfe Leopold Kunschak den Christlichsozialen Arbeiterverein für Niederösterreich, der sich für Gewerkschaftsgründungen einsetzte. Die nun entstehenden Fachvereine errichteten 1906 eine Gewerkschaftskommission beim „Reichsverband der nichtpolitischen Vereinigungen christlicher Arbeiter". 1909 beschloss dann der erste Kongress der christlichen Gewerkschaften Österreichs, mit der „Zentralkommission der christlichen Gewerkschaften" eine eigenständige Organisation zu schaffen.

Kollektivverträge waren die bedeutendste „Erfindung" der Gewerkschaftsbewegung: Nicht alleine der oder die einzelne ArbeitnehmerIn, sondern die Interessenvertretung sollte verhandeln, um so für ganze Gruppen von KollegInnen einheitliche und bessere Lohn- und Arbeitsbedingungen zu erreichen.

Die Kollektivverträge in der Monarchie waren bis 1905 nur privatrechtliche Abmachungen, die ohne Rechtsfolgen gebrochen werden konnten. Deshalb verliehen manche Gewerkschaften, wie hier der Verband der Bäcker Österreichs, „tariftreuen" Betrieben eine Art Gütesiegel (oben).

Den Anfang mit den Kollektivverträgen machen die Buchdrucker 1896. Ab 1900 gewannen diese Verträge immer mehr an Bedeutung und 1914 standen bereits 17 Prozent der nichtlandwirtschaftlichen ArbeitnehmerInnen in den Reichratsländern unter KV-Schutz.

Kern der Verträge war die Regelung des Lohns und der Arbeitszeit, doch Schritt für Schritt kamen andere Bereiche wie Überstundenvergütung oder die Freigabe des 1. Mai dazu. Über KV-Abschlüsse konnten die Gewerkschaften bis 1914 beträchtliche Arbeitszeitverkürzungen erreichen. Die Lithographen, Juwelenarbeiter und die Erdölarbeiter Galiziens setzten sogar den Achtstundentag durch.

Demonstration gegen die unerträgliche Lebensmittelteuerung in Wien 1911. Das Militär schoss scharf, es gab Tote und Verletzte. Das Grabmal für die Todesopfer der „Hungerrevolte" befindet sich am Ottakringer Friedhof in Wien (kleines Bild rechts oben).

In den Jahren vor dem Ersten Weltkrieg, als die Lebensmittelteuerung und die Arbeitslosigkeit zunahmen, war das gewerkschaftliche Unterstützungswesen besonders gefordert. Die öffentliche Kranken- und Unfallversicherung war noch sehr schlecht ausgebaut, eine (schlechte) Pensionsversicherung gab es nur für Angestellte und Arbeitslosenversicherung überhaupt keine. Die Gewerkschaften bauten für ihre Mitglieder ein soziales Netz auf, das ihnen und ihren Familien wenigstens das Überleben sicherte.

Die Erfahrungen aus dem gewerkschaftlichen Unterstützungswesen konnten viel zur Verbesserung der Sozialversicherung beitragen. So war zum Beispiel die Arbeitslosenunterstützung der Union der Textilarbeiter ein Vorbild für das Arbeitslosenversicherungsgesetz von 1919.

Konkrete Hilfe, die auch unter der Kriegsdiktatur möglich war: Die Gewerkschaftskommission richtete für die Arbeiter aus Böhmen und Mähren, die mit falschen Versprechungen angelockt worden waren, um zu Kriegsbeginn einen Schutzwall um Wien zu bauen, Infostände ein und organisierte Notquartiere. Sie trat für diese Männer auch als Anwältin gegenüber der Regierung auf.

Erdarbeiter um 1914

Frauen in der Rüstungsindustrie 1914 bis 1918. Die Produktion in der Kriegswirtschaft stand unter Militärkontrolle.

MetallarbeiterInnen-Obmann Franz Domes und Ferdinand Hanusch, Zentralsekretär der TextilarbeiterInnen, waren im Ersten Weltkrieg Sprecher der freigewerkschaftlichen Gesamtorganisation. Sozialabbau, Streikverbot und Bespitzelung kennzeichneten die Kriegsdiktatur. 1917 wurde das Parlament wieder einberufen und Streiks ließen sich nicht mehr unterdrücken. Der Metallarbeiterverband erreichte erstmals die Angleichung der Frauenlöhne an die Männerlöhne. Die Revolutionsangst bewog die Regierung, Gewerkschafter an der Planung der Nachkriegswirtschaft zu beteiligen. Die ersten Arbeitsämter wurden geschaffen.

Das sinnlose Morden an der Front und der Hunger im „Hinterland" waren zu viel. Im Jännerstreik 1918 verlangten die Menschen Frieden, Brot und Demokratie (links). Die Zeit der alten Herren ging zu Ende.

Auf der Seite der Demokratie

in der ersten österreichischen Republik 1918 bis 1933: Große Sozialreformen, Verteidigung des demokratischen Weges

Einer der neuen Staaten, die 1918 auf dem Gebiet Österreich-Ungarns entstanden, war die Republik Österreich. Sie hatte 1918 bis 1920 eine Koalitionsregierung aus Sozialdemokraten und Christlichsozialen und ab Februar 1919 ein demokratisch gewähltes Parlament. Ihr Staatssekretär für Soziales, der Gewerkschafter Ferdinand Hanusch, setzte Reformen mit weltweitem Vorbildcharakter durch. Als Interessenvertretung der ArbeitnehmerInnen im Betrieb entstanden die Betriebsräte, als gesetzliche Interessenvertretungen auf überbetrieblicher Ebene die Kammern für Arbeiter und Angestellte.

1918 – 1920 vorbildliche Sozialpolitik unter Ferdinand Hanusch

1919/20 Betriebsräte, Arbeiterkammern, Bundesverfassung

1928 Bund der Freien Gewerkschaften

1933/34 Ausschaltung des Parlaments, Zensur für Gewerkschaftspresse, Ende der Demokratie in den Arbeiterkammern

Auf die Große Koalition folgten ab 1920 Mitte-Rechts-Regierungen. Ihre Budgetsanierung belastete die gesamte Volkswirtschaft und vor allem ArbeitnehmerInnen. Schon sehr früh begann dazu der rechtsextreme Terror, dessen erste Opfer Gewerkschafter waren. Die Proteste gegen den Freispruch von rechtsextremen Mördern endeten 1927 in Wien mit dem Brand des Justizpalasts und einem Massaker an DemonstrantInnen und PassantInnen. Der als Antwort darauf durchgeführte Generalstreik blieb zwar politisch erfolglos, zeigte aber die noch immer beträchtliche Stärke der Freien Gewerkschaften, die in diesem Jahr ihren Einfluss in der Selbstverwaltung der Sozialversicherung vergrößern konnten. 1928 entstand aus der „Reichskommission" der „Bund der Freien Gewerkschaften", während die Zentralen der christlichen und deutschnationalen Gewerkschaften organisatorisch unverändert blieben.

Die Weltwirtschaftskrise vergrößerte ab 1929 das Heer der Arbeitslosen und erleichterte die Machtergreifung demokratiefeindlicher Regimes. In Österreich stützte sich der christlichsoziale Bundeskanzler Dollfuß auf die faschistischen Heimwehren, als er 1933 das Parlament ausschaltete. Die freigewerkschaftliche Presse wurde unter Zensur gestellt und Anfang 1934 verloren die Arbeiterkammern ihre demokratisch gewählten Vollversammlungen.

Der Hanusch-Cup, die Siegestrophäe der Fußballmeisterschaft der Freien Gewerkschaften, 1930 zum Gedenken an den Gewerkschafter gestiftet, mit dessen Namen die moderne Sozialpolitik in Österreich untrennbar verbunden ist.

Im November 1918 wurde Österreich demokratische Republik. Frauen durften jetzt wählen und kandidieren. Auch zwei Gewerkschafterinnen befanden sich unter den 1919 gewählten Parlamentsabgeordneten.

Für die Freien Gewerkschaften war der Tag der Republikgründung einer der größen Feiertage (oben).

Die sozialdemokratischen Mandatarinnen Anna Boschek von der Gewerkschaftskommission (2. Reihe außen) und Maria Tusch, Tabakarbeiterin aus Kärnten, die einzige Abgeordnete aus einem Bundesland (3. Reihe innen).

Mit Ferdinand Hanusch im Sozialstaatsamt stellte die Gewerkschaftsbewegung erstmals ein Regierungsmitglied. Durch die von ihm vorangetriebene Sozialgesetzgebung konnten viele Gewerkschaftsforderungen verwirklicht werden.

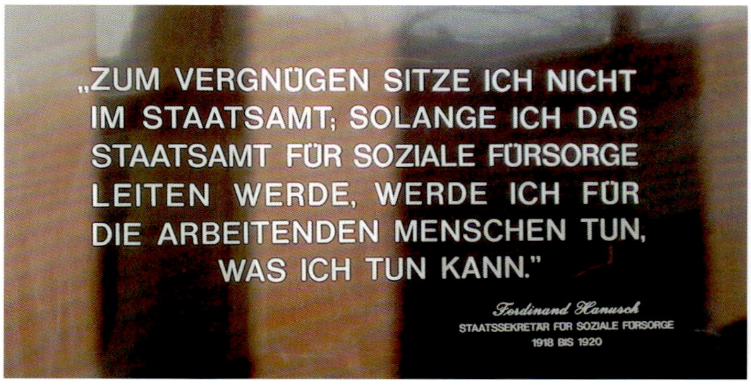

Tafel beim alten Haupteingang des Hanusch-Krankenhauses der Wiener Gebietskrankenkasse.

Erläuterungen zu obigen Bildern

A. Der lange Arbeitstag
B. Die alte Gewerbeordnung
C. Angestelltengesetz
D. Gewerbegericht
E. Gewerbeinspektion, Arbeitsbeirat und sozialpolitische Sektion im Handelsministerium
F. Arbeiterkranken- und Unfallversicherung
G. Vertrauensmänner
H. Gewerkschaften
J. Das Arbeitsbuch

Die Sozialpolitik der organisierten Arbeiterschaft

1. Sonntagsruhe
2. a) 8 Stunden Arbeit, b) 8 Stunden Muße, c) 8 Stunden Schlaf
3. Arbeiterurlaub
4. Abschaffung des Arbeitsbuches
5. Reform der Gewerbeordnung
6. Der Kollektivvertrag
7. Technischer Arbeiterschutz
8. Beschränkung der Nachtarbeit
9. Bergarbeiterschutz
10. Bäckereiarbeiterschutz
11. Reform der Landarbeiterordnungen
12. Hausbesorgerordnung
13. Hausgehilfengesetz
14. Schutz der Frauenarbeit
15. Heimarbeiterschutz
16. Kinderschutz
17. Arbeitslosenversicherung
18. Arbeitsvermittlung
19. Erhaltung des Arbeiterstandes in gewerblichen Betrieben
20. Inlandarbeiterschutz
21. Lehrlingsentschädigung
23. Berufsberatung
24. Arbeiterkrankenversicherung
25. Landarbeiterversicherung
26. Arbeiterunfallversicherung
27. Angestelltenversicherung
28. Angestelltengesetz
29. Gutsangestelltengesetz
30. Journalistengesetz
31. Schauspielergesetz
32. Pharmazeutengesetz
33. Erfinderschutz
34. Ausbau der Gewerbegerichte
35. Reform der Gewerbeinspektion
36. Mieterschutz
37. Invalidenfürsorge
38. Ministerium für soziale Verwaltung
39. Einigungsamt
40. Industrielle Bezirkskommission
41. Gehilfenausschuß
42. Heimarbeitskommission
43. Mitwirkung der Arbeiterschaft bei Durchführung der Handelsstatistik, Zollvorschriften und Währungspolitik
44. Vertrauensmänner und Betriebsräte
45. Arbeiterkammern
46. Gewerkschaften

Das Schaubild des Gesellschafts- und Wirtschaftsmuseums zeigt den Stand der Sozialgesetzgebung 1927. Dieses soziale Netz wurde zu 90 Prozent in der „Ära Hanusch“ 1918 bis 1920 geschaffen. Ferdinand Hanusch starb schon 1923, das Relief stammt von seinem Grabmal am Wiener Zentralfriedhof. Im Hintergrund ist die Fassade des Wiener Arbeitsamts der Metall- und HolzindustriearbeiterInnen Ende der 1920er Jahre zu sehen. Der Ausbau der sozialpartnerschaftlich besetzten „Industriellen Bezirkskommissionen“ mit den Arbeitsämtern war eine der großen Leistungen der Sozialpolitik in der Hanusch-Ära.

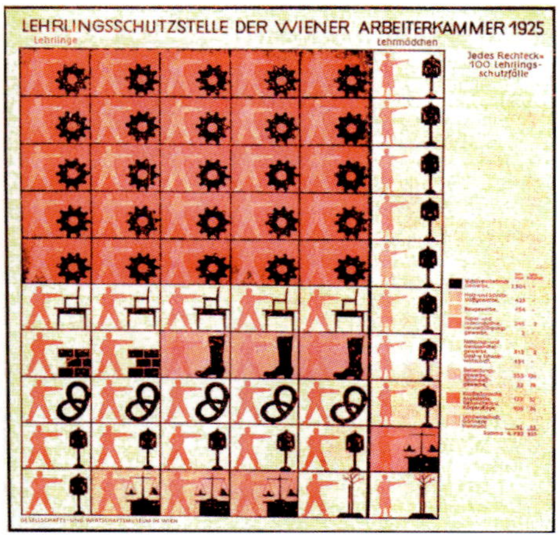

Erste Vorstandssitzung des Österreichischen Arbeiterkammertags nach den Arbeiterkammer-Wahlen 1921/1922 im Wiener Rathaus (oben). In der Mitte mit dem grauen Mantel Ferdinand Hanusch als Direktor der AK in Wien, links neben ihm Franz Domes, Vorsitzender der Reichskommission der Freien Gewerkschaften und des Metallarbeiterverbands, als gewählter Präsident der Arbeiterkammer in Wien (auch Porträt links oben).

Die Arbeiterkammern unterstützten die Gewerkschaftsbewegung nicht nur mit dem Wissen ihrer ExpertInnen, sondern boten von Anfang an auch direkte Hilfe für ArbeitnehmerInnen. Von besonderer Bedeutung war in der Ersten Republik die Tätigkeit der Lehrlingsschutzstellen (links der Tätigkeitsbericht in Statistiksymbolen).

Das Arbeiterkammergesetz wurde im Februar 1920 beschlossen, sofort darauf begann der Aufbau der Kammern, wobei Wien auch für Niederösterreich und zum Teil für das Burgenland zuständig war.

Gewerkschaftssekretär Anton Hueber 1920: „Die Arbeiterkammern werden mit den Gewerkschaften und den Betriebsräten zusammen einen bedeutsamen demokratisch organisierten wirtschaftlichen Block bilden." Die Zusammenarbeit wurde nach außen auch dadurch dokumentiert, dass die Arbeiterkammern und die gewerkschaftlichen Landeszentralen gemeinsame Häuser bezogen. In Wien nutzten die Reichskommission der Freien Gewerkschaften und die AK ein gemeinsames Bürogebäude. Der Sitz der christlichen Gewerkschaftszentrale befand sich ganz in der Nähe.

Die MitarbeiterInnen der Gewerkschaftskommission 1924. In der Mitte der Erste Sekretär Anton Hueber, neben ihm links Johann Schorsch, sein Nachfolger, und rechts Frauenreferentin Anna Boschek. Links außen Boschek-Mitarbeiterin Wilhelmine Moik, nach 1945 Frauenvorsitzende des Österreichischen Gewerkschaftsbunds und Vorsitzende des Frauenausschusses der AK Wien.

Der Arbeiterbetriebsrat der Firma Siemens & Halske 1926. Sitzend dritter von links: Karl Maisel, nach 1945 Vorsitzender der Gewerkschaft der Metall- und Bergarbeiter, Sozialminister und AK-Präsident nach Karl Mantler (oben).

Engagierte Betriebsräte lebten in der Ersten Republik oft gefährlich. Denkmal für den 1923 von einem Nationalsozialisten ermordeten Semperit-Betriebsrat Franz Birnecker (oben rechts).

1919 beschloss das Parlament das Betriebsrätegesetz. Durch ihre enge Verbindung zu den Gewerkschaften erhielten die Betriebsratskörperschaften auch überbetriebliche Rückendeckung für ihre schwierige Aufgabe. Umgekehrt wurden sie zum betrieblichen Netzwerk der Gewerkschaften.

Nach dem 1911 verunglückten Gewerkschaftspionier und Obmann des Gehilfenausschusses der Bäcker benannte Wohnhausanlage der Stadt Wien. (oben)

Die Gehilfenausschüsse bei den Genossenschaften waren die berufsbezogene gesetzliche Interessenvertretung der ArbeitnehmerInnen. Sie wurden ab 1918 zu einem echten Mitbestimmungsinstrument.

Hugo Breitner, Mitbegründer der Bankangestelltengewerkschaft, der als Finanzstadtrat die Finanzierung der Wohnbau- und Sozialprogramme Wiens in der Ersten Republik ermöglichte (links). Organisator des Wohnbauprogramms war der Baugewerkschafter Franz Siegel als Stadtrat für Bauwesen.

Fortschritt für berufstätige Frauen durch Kollektivvertrag und Gesetzgebung bis 1927: Mutterschutz und Nachtarbeitsverbot standen im Zentrum (oben links).

Mit Verhandlungen und Streiks erreichten die Gewerkschaften bis etwa 1924 trotz hoher Inflation deutlich bessere Löhne als in der Zeit vor dem Ersten Weltkrieg – bei ungelernten ArbeiterInnen um 23 Prozent; weitere gute Abschlüsse folgten. Aber die immer hohe Arbeitslosigkeit verhinderte, dass alle ArbeitnehmerInnen davon profitieren konnten.

Fließbandproduktion war für die vielen Arbeitslosen ebenso verantwortlich wie Rohstoffmangel (unten links).

Unter den Hausgehilfinnen gab es auch eine starke christliche Gewerkschaft. Als nichtgewerkschaftlicher Verein besteht diese Organisation auch noch im zweiten Jahrtausend (oben Mitte der Vereinssitz in Wien, oben rechts das letzte Fachblatt der Christlichen Gewerkschaft).

Gemeindebedienstete bei der Demonstration gegen den Freispruch von rechtsextremen Mördern am 15. Juli 1927 – wütend, aber diszipliniert (oben). Mit dem Einsatz berittener Polizei begann eine Spirale der Gewalt. Der Wiener Justizpalast brannte, ein Massaker an DemonstrantInnen und PassantInnen folgte.

Österreichs freigewerkschaftliche Verkehrsbedienstete waren in Zusammenarbeit mit den Gewerkschaftsinternationalen führend bei dem Versuch, sich dem Ausbreiten des Faschismus entgegenzustellen. Als Danke übergab ihnen die Internationale Transportarbeiterföderation 1930 eine ITF-Fahne (unten rechts).

Die ohnehin hohe Arbeitslosigkeit explodierte ab Beginn der Weltwirtschaftskrise (links außen eine hungernde Familie). 1930 schlugen die Freien Gewerkschaften als einzige Institution in Österreich ein Maßnahmenpaket vor, das den Aufbau eines sozialen Netzes zur Krisenbewältigung empfahl – ähnlich wie es US-Präsident Roosevelt kurze Zeit später mit Erfolg verwirklichte (links).

Wie manchmal gegenüber der Arbeitgeberseite kooperierten die Richtungsgewerkschaften bis zum Ende der Demokratie auch im Jugendbeirat der Wiener Arbeiterkammer. Der spätere Generalsekretär des Österreichischen Gewerkschaftsbunds und Sozialminister Anton Proksch vertrat die freigewerkschaftliche Jugend. Die christliche Gewerkschaftsjugend entsendete Grete Daurer, als Grete Rehor 1966 die Nachfolgerin Anton Prokschs im Sozialministerium.

Die Aktion „Jugend in Not – Jugend am Werk" für arbeitslose Jugendliche war eine gemeinsame Initiative des Jugendbeirats der Arbeiterkammer und der Stadt Wien. (Rechts eine Schneiderwerkstatt, in der arbeitslose Jugendliche die Kleidung anderer Arbeitsloser reparieren.)

Streik aller drei Richtungsgewerkschaften der EisenbahnerInnen am 1. März 1933, unter anderem um längst fällige Lohnzahlungen einzufordern. Das Bundesbahnmanagement reagierte mit Maßregelungen und Entlassungen.

1933 war die Arbeitslosigkeit doppelt so hoch wie 1930. Die Regierung setzte aber weiter auf ein hartes Sparprogramm, das auch Bahn und Post betraf. Nach einer heftigen Debatte über die Strafmaßnahmen nach dem Eisenbahnerstreik kam es im Parlament zu einer heiklen Abstimmungssituation und der Nationalrat vertagte sich. Das Kabinett Dollfuß sprach von der „Selbstauflösung" des Parlaments und regierte ab sofort „autoritär" mit „Notverordnungen". Die Todesstrafe wurde wieder eingeführt.

15. März 1933: Polizei hinderte die Abgeordneten der Opposition, darunter viele Freie GewerkschafterInnen am Betreten des Parlaments (links unten).

Gegen Diktatur und Faschismus

unter Ständestaat-Diktatur und Nationalsozialismus 1934 bis 1938:
Organisation im Untergrund, Widerstand im Betrieb

Am 12. Februar 1934 scheiterte ein Versuch des Republikanischen Schutzbunds, den Weg in die Diktatur aufzuhalten. Nach dem Verbot der KommunistenInnen 1933 wurden jetzt auch alle sozialdemokratischen Organisationen verboten und sozialdemokratische BetriebsrätInnen verloren ihre Funktion. Ab 1. Mai 1934 galt eine „ständische“ Verfassung. Im Juli ermordete ein Kommando der ebenfalls verbotenen NationalsozialistInnen Bundeskanzler Dollfuß, sein Nachfolger hieß Kurt Schuschnigg.

1934 Sieg der Regierungsdiktatur, autoritäre Verfassung

1934 – 1938 Staatsgewerkschaft, illegaler „Bund der Freien Gewerkschaften“ „Werksgemeinschaften“ statt Betriebsräten

1938 – 1945 NS-Herrschaft, Deutsche Arbeitsfront, GewerkschafterInnen im Widerstand

In der Ständestaat-Diktatur mit ihrer austrofaschistischen Ideologie waren alle Richtungsgewerkschaften verboten. An ihre Stelle trat der staatlich eingerichtete, von ehemaligen christlichen GewerkschafterInnen geleitete „Gewerkschaftsbund der österreichischen Arbeiter und Angestellten“ mit den Arbeiterkammern als Geschäftsstellen. Die Freien Gewerkschaften bildeten im Untergrund eine neue Organisation, den illegalen „Bund der Freien Gewerkschaften“. Die legalen und illegalen GewerkschafterInnen versuchten vergeblich, eine gemeinsame Abwehrfront gegen den Nationalsozialismus aufzubauen.

Mit der Machtübernahme durch Hitler-Deutschland wurden die österreichischen Einrichtungen verboten. Für die ArbeitnehmerInnen gab es nur mehr die „Deutsche Arbeitsfront“, in der ArbeitgeberInnen und ArbeitnehmerInnen zusammengefasst waren. Die Sozialleistungen wurden auch nach Beginn des Zweiten Weltkriegs beibehalten, aber jene ArbeitnehmerInnen, die nicht an die Front mussten, unterstanden einer rigorosen Kontrolle.

Konferenzmappe des späteren Arbeiterkammer-Präsidenten Karl Mantler aus dem Jahr 1936. Kurz nach dem Londoner Kongress wurde Mantler als Vorsitzender der Untergrundgewerkschaft (Deckname „Julius“) verhaftet.

Viele leitende FunktionärInnen der Gewerkschaftsbewegung leisteten Widerstand und wurden Opfer des nationalsozialistischen Terrors. Waren sie jüdischer Herkunft, hatten sie keine Überlebenschance, außer sie konnten ins Ausland entkommen. Die WiderstandskämpferInnen und die im Exil aktiven AntifaschistInnen repräsentierten das andere, das demokratische Österreich.

Gegen Diktatur und Faschismus

Den austrofaschistischen Heimwehren nahe stehende Eisenbahnerwehr in Linz (oben links). Als der Einfluss der Rechtsextremen im Regierungslager bestimmend wurde, begann sich auch der sozialdemokratische Republikanische Schutzbund paramilitärisch zu organisieren. Unter den Eisenbahnern gab es eine große Schutzbundgruppe (oben rechts).

Die „autoritäre" Regierung Dollfuß verbot ab 1933 alle kommunistischen und nationalsozialistischen Aktivitäten und dann den sozialdemokratischen Schutzbund. Auf die anderen sozialdemokratischen Organisationen verstärkte sich der Druck. Das galt auch für die Freien Gewerkschaften und die „rote" Mehrheit in den Arbeiterkammern. Dort wurde die demokratische Selbstverwaltung gegen den Willen der christlichen Gewerkschaften Ende 1933 abgeschafft.

Der Aufstand eines Teils des Schutzbunds gegen die systematische Zerstörung der Demokratie am 12. Februar 1934 hatte angesichts der vereinten Kräfte von Bundesheer, Polizei und Heimwehr keine Chance.

Gemeindebauten in Wien, Linz, Graz und anderen Orten, aber auch Arbeiterheime und Gewerkschaftshäuser, waren im Februar 1934 Angriffsziele (links).

Fahnen des „autoritären" Regimes mit einem Dollfuß-Bildnis verhüllten nach dem 12. Februar 1934 das Republikdenkmal neben dem Parlament. Mit dem „Krukenkreuz" des Regimes abgedeckt waren auch die Büsten von Jakob Reumann, dem Pionier der Drechslergewerkschaft und Wiener Bürgermeister, Victor Adler, dem Gründungsvorsitzenden der Sozialdemokratie und Hanusch. Später wurde das Denkmal ganz abgetragen und erst nach 1945 wieder aufgebaut.

Das schon 1933 wieder eingeführte Standrecht bot die Handhabe: Neun Kämpfer des 12. Februar 1934 aus dem sozialdemokratischen Lager – vom Sanitäter des Samariterbunds über den Arbeiterkammersekretär bis zum Nationalratsabgeordneten – wurden zur Abschreckung zum Tod verurteilt.

Einer der Hingerichteten war Koloman Wallisch, Nationalrat aus Bruck an der Mur (links). Er hatte die Baugewerkschaft in seiner Heimat im heutigen Rumänien aufgebaut und 1912 den Bauarbeiterstreik in Triest organisiert. Ebenfalls hingerichtet wurde Josef Stanek, Landessekretär der steirischen Metallarbeiter und Arbeiterkammersekretär in Graz (rechts). Einige im Kampf Erschossene ließ man in Wien über Tage zur Abschreckung liegen (unten).

Oppositionelle PolitkerInnen, unter ihnen auch eine Reihe von GewerkschafterInnen, wurden zum Teil über Jahre in „Anhaltelagern" interniert. Die demokratische Tschechoslowakei bot vielen anderen eine Fluchtmöglichkeit. Johann Schorsch baute dort ein Auslandsbüro der Freien Gewerkschaften auf.

In Österreich gab es offiziell nur mehr eine per Regierungsverordnung eingerichtete Staatsgewerkschaft, den „Gewerkschaftsbund der österreichischen Arbeiter und Angestellten", auch „Einheitsgewerkschaft" genannt, mit den gleichgeschalteten Arbeiterkammern als Geschäftsstellen. Die früheren christlichen Gewerkschaften stellten mit Johann Staud den Vorsitzenden, mussten sich aber ständig gegen Heimwehrleute und verkappte Nationalsozialisten zur Wehr setzen.

Theodor Körner, Mitbegründer des freien Militärverbands, der ersten Soldatengewerkschaft der Welt, und später Bundespräsident, war einer der im Anhaltelager Wöllersdorf internierten PolitikerInnen.

Die freigewerkschaftlichen BetriebsrätInnen verloren ihre Funktionen. Statt der Betriebsräte gab es später „Werksgemeinschaften" mit dem Chef oder einem Manager als Vorsitzenden.

Im Untergrund schlossen sich 1935 SozialistInnen und KommunistInnen zum illegalen Bund der Freien Gewerkschaften zusammen.

Sportler des „Reichsbunds der katholisch-deutschen Jugend Österreichs" beim Wiener Rathaus (oben links). Im „Bund" trafen sich auch viele Regime-kritische christliche GewerkschafterInnen.

Nach dem von Nationalsozialisten ermordeten Bundeskanzler Dollfuss war Kurt Schuschnigg Führer der „Vaterländischen Front" des Regimes. Er stand immer stärker unter dem Druck Hitler-Deutschlands. Angebote der illegalen Freien Gewerkschaften zum gemeinsamen Kampf gegen den Nationalsozialismus lehnte er bis zum Schluss ab, obwohl Johann Staud zu vermitteln versuchte.

Bundeskanzler Schuschnigg bei einem Appell der „Vaterländischen Front (links).

Kurz vor der nationalsozialistischen Machtübernahme wurde ein Treffen von UntergrundgewerkschafterInnen genehmigt. Die „Floridsdorfer Arbeiterkonferenz" am 7. März 1938 war der letzte Versuch einer Einheitsfront gegen Hitler (rechts).

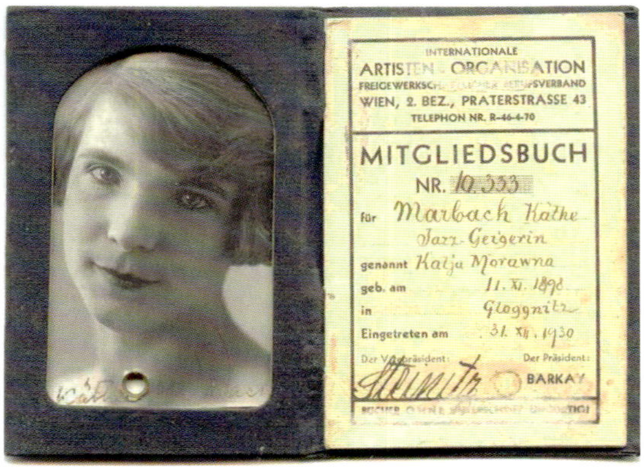

Ausweis der Internationalen Artistenorganisation (ganz oben). Die bis zum Oktober 1934 vorhandenen Marken lassen vermuten, dass die Jazzmusikerin für die verbotenen Freien Gewerkschaften unterwegs war (oben rechts).

Vorsitzender des illegalen Gewerkschaftsbunds war der Lebensmittelarbeiter und spätere AK-Präsident Karl Mantler. Deshalb wurde das Boot im Jugenderholungsheim des Österreichischen Gewerkschaftsbunds Cap Wörth auf seinen Untergrundnamen „Julius" getauft (oben rechts).

Nach dem Einmarsch der Deutschen Wehrmacht am 12. März 1938: Nationalsozialistische Symbole an der Fassade des AK-Gebäudes in Linz, wo auch das Landeskartell der Staatsgewerkschaft seinen Sitz hatte. Das Vermögen der liquidierten Arbeiterkammern erhielt die „Deutsche Arbeitsfront". In der DAF hatten die „Betriebsführer" das Sagen, die ArbeitnehmerInnen waren nur mehr „Gefolgschaft".

Österreichische Arbeiter auf Berlin-Reise im März 1938. Organisiert wurde sie von „Kraft durch Freude", der Freizeit- und Kulturaktion der Deutschen Arbeitsfront (oben).

Vom März 1938 bis zum April 1945 war Österreich Teil des nationalsozialistischen Deutschen Reichs. Jede Form von Gewerkschaften war jetzt verboten, es gab nur mehr die „Deutsche Arbeitsfront". Die DAF war Überwachungsinstrument, stellte aber gleichzeitig sehr gute Sport-, Kultur- und Erholungsangebote bereit, um die ArbeitnehmerInnen ruhig zu halten. Politische GegnerInnen, darunter nicht wenige GewerkschafterInnen, wurden gleichzeitig brutal verfolgt. Der Terror gegen Jüdinnen und Juden begann sofort. Auf die Vertreibung folgte für jene, die nicht auswandern konnten, die Deportation in die Vernichtungslager.

Warteschlangen im Büro der Israelitischen Kultusgemeinde in Wien (rechts). Die IKG wurde gezwungen, die Zwangsauswanderung von Jüdinnen und Juden zu organisieren.

Politische GegnerInnen im Konzentrationslager Dachau (unten). Auf dem Plakat, auf dem dieses Foto zu sehen war, stand der zynische Satz „Juden und Judenknechte in Dachau auf Sommerfrische".

1918 wurde das Arbeitsbuch abgeschafft und damit eine zentrale Gewerkschaftsforderung erfüllt. Diktatur und Faschismus führten es ab 1934 wieder ein, um die ArbeitnehmerInnen unter Kontrolle zu halten (links Mitte Arbeitsbuch des NS-Regimes).

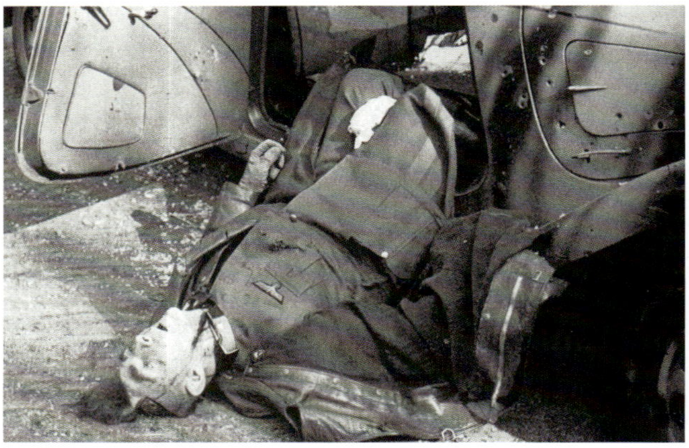

Fremdarbeiterin in der Rüstungsindustrie Hitler-Deutschlands (links). Menschen aus den eroberten Gebieten von Frankreich bis Russland mussten als ZwangsarbeiterInnen die in den Krieg geschickten Arbeiter ersetzen (rechts ein gefallener junger deutscher Soldat).

1939 löste das nationalsozialistische Deutsche Reich auf Wunsch seines „Führers“ Adolf Hitler mit dem Überfall auf Polen den Zweiten Weltkrieg aus. Im Krieg und als Opfer des organisierten Massenmords an Jüdinnen und Juden und anderen als „minderwertig“ abgestempelten Gruppen starben viele Millionen Menschen. Erster Widerstand wurde zerschlagen.

Die Ankunft eines „Transports“ im Vernichtungslager Auschwitz-Birkenau (links außen).

Die Ausrottung der jüdischen Bevölkerung war erklärtes Ziel. Politische Häftlinge jüdischer Herkunft wie Viktor Stein (links oben) und Käthe Leichter (links unten) hatten kaum Überlebenschancen.

Viktor Stein war Redakteur der Metallarbeiterzeitung und der Zeitschrift „Arbeit und Wirtschaft", die Wissenschafterin Käthe Leichter war Leiterin der Frauenabteilung der Arbeiterkammer in Wien. Beide starben als KZ-Häftlinge.

Manche Verfolgte, denen die Flucht gelang, kämpften mit den britischen oder US-Armeen gegen das „Dritte Reich", andere schlossen sich der französischen Resistance oder den jugoslawischen PartisanInnen an (rechts ein PartisanInnen-Lager). Einer von ihnen war Richard Wagner, Redakteur des BekleidungsarbeiterInnen-Fachblatts und bis 1934 Leiter der Bildungszentrale der Freien Gewerkschaften. Er organisierte die erste Gewerkschaftsschule.

Jene, die aus dem nationalsozialistischen Machtbereich entkommen konnten, warben im Exil für die Wiedererrichtung eines demokratischen Österreich.

Deklaration über Österreich

Die Regierungen Grossbritanniens, der Sowjetunion und der Vereinigten Staaten von Amerika kamen darin überein, dass Österreich, das erste freie Land, das der Hitlerschen Aggression zum Opfer gefallen ist, von der deutschen Herrschaft befreit werden muss.

Sie betrachten den Anschluss, der Österreich am 15. März 1938 von Deutschland aufgezwungen worden ist, als null und nichtig.

Sie betrachten sich in keiner Weise gebunden durch irgendwelche Veränderungen, die nach diesem Zeitpunkt in Österreich vorgenommen wurden. Sie geben ihrem Wunsch Ausdruck, ein freies und unabhängiges Österreich wiederhergestellt zu sehen und dadurch dem österreichischen Volk selbst, ebenso wie anderen benachbarten Staaten, vor denen ähnliche Probleme stehen werden, die Möglichkeit zu geben, diejenige politische und wirtschaftliche Sicherheit zu finden, die die einzige Grundlage eines dauerhaften Friedens ist.

Österreich wird jedoch darauf aufmerksam gemacht, dass es für die Beteiligung am Kriege auf seiten Hitlerdeutschlands die Verantwortung trägt, der es nicht entgehen kann, und dass bei der endgültigen Regelung unvermeidlich sein eigener Beitrag zu seiner Befreiung berücksichtigt werden wird.

Der NS-Volksgerichtshof: Politurteile ohne Gnade (oben).

Gezeichnet von Konzentrationslager und Gestapo-Haft: Karl Mantler, Karl Maisel und Wilhelmine Moik aus der Gründungsgeneration des Österreichischen Gewerkschaftsbundes (Mitte rechts von oben nach unten).

Johann Staud, Vorsitzender der Staatsgewerkschaft 1934 bis 1938 überlebte die Konzentrationslager nicht (Mitte unten).

Der Text der „Moskauer Deklaration" der Alliierten gegen Hitler-Deutschland aus dem Jahr 1943 (rechts außen).

Die Außenminister der USA, Großbritanniens und der Sowjetunion erklärten 1943 in Moskau in ihrer „Deklaration über Österreich", Österreich solle nach dem Sieg über Hitler-Deutschland wieder zu einem eigenen Staat werden. Gleichzeitig stellten sie aber klar, dass das Ausmaß des Widerstands gegen das nationalsozialistische Regime entscheidend für die Behandlung durch die Alliierten sein werde. Daher verdankt Österreich den WiderstandskämpferInnen seine Existenz als freier Staat. Nicht vergessen werden darf dabei die Rolle des Widerstands in den Betrieben und Dienststellen, wo ArbeitnehmerInnen die Sabotage der Rüstungsproduktion organisierten oder den Transport von kriegswichtigem Material verzögerten.

Gedenktafel für die Widerstandsgruppe im Brown-Boveri-Werk in Wien-Favoriten, nach 1945 vom Betriebsrat angebracht. Später entstand hier ein Ausbildungszentrum des Berufsförderungsinstituts von Arbeiterkammer und ÖGB, aber die Tafel blieb erhalten.

Mitgestalterin einer neuen Epoche

im ersten Jahrzehnt der Zweiten Republik 1945 bis 1955: Der Österreichische Gewerkschaftsbund, der Staatsvertrag und der Aufbau des sozialen Netzes

Im April 1945 marschierte die Rote Armee der Sowjetunion in Ostösterreich ein. Am 13. April – in Wien wurde noch gekämpft – begannen GewerkschafterInnen mit dem Wiederaufbau der Organisation. Am 15. April beschloss eine Konferenz, an der sozialdemokratische, christliche und kommunistische Vertrauensleute teilnahmen, die Gründung des überparteilichen, einheitlichen Österreichischen Gewerkschaftsbunds. An dessen Spitze stand bis zu seinem Tod 1959 der Bauarbeiter Johann Böhm.

April 1945 Gründung des Österreichischen Gewerkschaftsbunds

Ab Juli 1945 Wiedererrichtung von demokratischen Arbeiterkammern

15. Mai 1955 Staatsvertrag

20. – 24. Mai 1955 Weltkongress des Internationalen Bundes Freier Gewerkschaften in Wien

Als die Sowjets am 30. April die ÖGB-Gründung genehmigten, war gerade die Zweite Republik ausgerufen worden. Sie bekannte sich wieder zur Demokratie und gab der Gewerkschaftsbewegung Entfaltungsraum. Auf Initiative des ÖGB kam es noch 1945 zur Wiedererrichtung von Arbeiterkammern mit demokratischer Selbstverwaltung. 1947 erhielten Betriebsräte und Kollektivvertragsabschlüsse neue gesetzliche Grundlagen.

Um die von den alliierten Siegern über das „Dritte Reich" kontrollierte Großindustrie für den Wiederaufbau zu sichern, setzte sich der ÖGB für ihre Verstaatlichung ein. Er befürwortete auch die Beteiligung Österreichs am Marshall-Plan, dem Wiederaufbauprogramm der USA für Europa, und erreichte das entscheidende Stillhalten der Sowjets. Auf sozialpolitischem Gebiet knüpfte der Metallarbeiter Karl Maisel als Sozialminister an die Pionierleistungen Ferdinand Hanuschs an. Von besonderer Bedeutung war die gesetzliche Absicherung der Alterspension für ArbeiterInnen.

Der ÖGB galt bei den Alliierten als Garant für demokratische Stabilität. Er bewies diese Stabilität, als die Krise während des kommunistisch gelenkten Generalstreikversuchs im Oktober 1950 aus eigener Kraft bewältigt wurde. Dadurch und durch seine internationalen Gewerkschaftskontakte leistete er einen wesentlichen Beitrag zum Abschluss des Staatsvertrags, der Österreich 1955 die volle Souveränität brachte.

Für Gewerkschafterinnen war der Internationale Frauentag immer ein wichtiges Ereignis. Das Plakat zeigt, welche Hoffnung in den Neubeginn der Demokratie gesetzt wurde, gerade auch für die Gleichberechtigung der Frauen.

Nach dem Sieg der Alliierten über die faschistischen Mächte entstand wieder ein demokratisches Österreich. Noch bevor – am 28. April 1945 – die Zweite Republik ausgerufen wurde, fiel der Gründungsbeschluss für den einheitlichen Österreichischen Gewerkschaftsbund. Es war das erste Signal für den demokratischen Neubeginn. Am 30. April erteilten die Sowjets dem ÖGB die Gründungsgenehmigung.

Eine Gründungssitzung des ÖGB im April 1945 in Anwesenheit eines sowjetischen Militärvertreters (oben). Bis 1955 galt jedes Gesetz erst nach Zustimmung der Alliierten.

Ein Tänzchen vor dem Parlament nach dem Einmarsch der Sowjets (rechts). Andere sahen nur die Niederlage und fürchteten die Rache der Sieger.

Die Bombenruine des AK- und Gewerkschaftshauses in Klagenfurt (unten). Der ÖGB setzte sich dafür ein, dass die provisorische Staatsregierung am 20. Juli 1945 die Wiedererrichtung der Arbeiterkammern beschloss.

Jugendliche 1945 beim Schutträumen – sie hofften auf eine Zukunft mit mehr sozialer Gerechtigkeit (im Hintergrund). Zwei Gewerkschafter kämpften zu Beginn der Zweiten Republik als Sozialminister für diesen Traum: ÖGB-Präsident Johann Böhm (bis November 1945) und Metaller-Obmann Karl Maisel (1945 bis 1955 in dieser Funktion). Einige Politiker und Wirtschaftsbosse bezeichneten auch damals Sozialausgaben als Verschwendung. Der ÖGB informierte auf diesem Plakat aus dem Jahr 1952, wozu sie benötigt wurden.

ÖGB-Plakat von 1952, das den sozialpolitischen Fortschritt der „Ära Maisel" bis zu diesem Jahr aufzeigte. Es folgten 1954 das Heimarbeitsgesetz, das Rentenbemessungsgesetz und 1955 das Allgemeine Sozialversicherungsgesetz. Die Vollbeschäftigung war allerdings auf einige Branchen beschränkt. Deshalb rief der ÖGB gleichzeitig zum Kampf gegen Arbeitslosigkeit auf.

Soziale Verbesserungen kamen schon zu Beginn der Zweiten Republik oft durch Kollektivverträge, bevor sie Gesetze wurden. Das KV-Gesetz von 1947 bot dafür die rechtliche Grundlage. Es machte die Kollektivverträge zu einer der anerkannten Grundlagen des Arbeitsrechts und fixierte das Recht des ÖGB und seiner Gewerkschaften, verbindliche Verträge abzuschließen.

Den gesetzlichen ArbeiterInnenurlaub gab es wieder ab 1946. Aber die ArbeiterInnen konnten ihn oft nur mit Hilfe der Gewerkschaft in Anspruch nehmen; das Urlaubsgeld wurde und wird in den Kollektivverträgen festgelegt. Daran erinnerte der ÖGB auch 1953 zur Ferienzeit (unten links).

Der 1919 erreichte Achtstundentag wurde durch die Kriegsdiktatur 1939 bis 1945 aufgehoben. Nach 1945 holten ihn die ÖGB-Gewerkschaften durch KV zurück. Das geforderte Arbeitszeitgesetz konnte erst 1969 durchgesetzt werden.

Seit 1945 führte der ÖGB einen Kampf um faire Preise, damit sich die ArbeitnehmerInnen von ihren Löhnen und Gehältern auch etwas leisten konnten. Bei den Lohn- und Gehaltsabschlüssen war es ein besonderes Anliegen, dass Menschen mit kleinem Einkommen nicht zu kurz kamen.

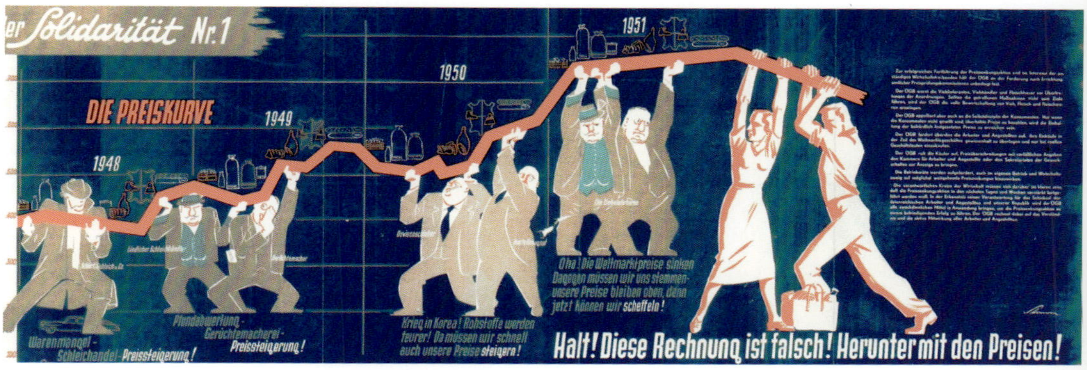

Der ÖGB gestaltete auch die Wirtschaftspolitik mit, um ArbeitnehmerInneninteressen zu vertreten. Als Basis für den Wiederaufbau und um ihn mit sozialer Verantwortung in Angriff zu nehmen, setzte er sich ab 1945 für die Verstaatlichung der wichtigsten Unternehmen Österreichs ein. Diese standen als ehemaliges (nationalsozialistisches) „Deutsches Eigentum“ unter Kontrolle der Alliierten und wären ohne die Verstaatlichung österreichischem Zugriff entzogen geblieben. Die Sowjets übergaben die Unternehmen in ihrer Zone allerdings erst 1955 an Österreich.

Der ÖGB befürwortete die Teilnahme Österreichs am „Marshall-Plan“, dem Wiederaufbauprogramm der USA für das zerstörte Europa. Im Kampf gegen die Arbeitslosigkeit verlangte er nicht nur öffentliche Wohnbauprojekte, sondern auch billigere Kredite für Unternehmen und ein Jugendeinstellungsgesetz.

Programm des ÖGB zur Bekämpfung der hohen Arbeitslosigkeit 1953 (oben). Es hatte Erfolg.

VOEST-ArbeiterInnen beim Schichtwechsel Anfang der 1950er Jahre (links). Die VOEST in Linz war Jahrzehnte das „Flaggschiff“ der Verstaatlichten Industrie.

Oktoberstreik 1950 gegen das 4. Preis- und Lohnabkommen. Die Proteste, an deren Spitze sich vor allem die KommunistInnen setzten, richteten sich gegen die ÖGB-Führung, weil sie – gegen Zugeständnis von Lohnerhöhungen für kleine Einkommen – einer Lohnbremse bei guten mittleren Einkommen und gleichzeitig der Verteuerung von öffentlichen Leistungen zugestimmt hatte. Die insgesamt fünf Abkommen zwischen ÖGB, Bundeswirtschaftskammer und Staat waren notwendig, um eine Geldentwertung beim Auslaufen der Marshall-Plan-Subventionen und damit größere Lohnverluste zu verhindern.

Der politische Friede in Österreich konnte dank der konsequenten Haltung des ÖGB im Oktober 1950 ohne Eingreifen der Besatzungsmächte wieder hergestellt werden. Das stärkte das Vertrauen in die österreichische Demokratie und erleichterte die Verhandlungen über die volle Unabhängigkeit des Landes durch einen von allen vier Alliierten – der Sowjetunion, den USA, Großbritannien und Frankreich – unterzeichneten Staatsvertrag. Dementsprechend selbstbewusst konnte der ÖGB 1953 sein „großes Fest“ zum 60-Jahre-Jubiläum der vereinigten Gewerkschaftsbewegung mit einem gesamtösterreichischen Gewerkschaftstreffen feiern.

Grenze zwischen der russischen und der amerikanischen Besatzungszone in Oberösterreich. Der Westen Österreichs stand unter französischer Militärverwaltung, der Süden unter britischer.

Ehrengäste beim Festzug des Gewerkschaftstreffens 1953, der die Geschichte der österreichischen Gewerkschaftsbewegung darstellte: Bundespräsident Körner, ÖGB-Präsident Böhm, Sozialminister Maisel, ÖGB-Vizepräsident Erwin Altenburger von den christlichen GewerkschafterInnen, und ÖGB-Generalsekretär Anton Proksch (von links nach rechts).

Die Familienverhältnisse der Jugendlichen, die im Jahre 1953 und 1954 einen Erholungsurlaub in unseren Heimen verbrachten, lassen noch immer die Nachwirkungen des Krieges erkennen. In der Zahl der vaterlosen Jugendlichen spiegelt sich die Zeit mit ihren gesellschaftlichen Erschütterungen wider, und es wird noch Jahre dauern, bis sich diese Zahl auf die Höhe normaler Aufzeichnungen senkt.

	1953 insgesamt	1954 insgesamt
Jugendliche	9.726	9.878
Elternlos	202	153
Mutterlos	269	281
Vaterlos	1.927	1.867
Davon gefallen	875	915
Vermißt	318	291
Gefangen	5	2
Gestorben	560	542
Eltern geschieden	629	576
Eltern unbekannt	32	23
Wohnt nicht bei den Eltern	574	538

Ohne Angabe: Englische und Wiener Kinder, Urlauber, Schullandwochen, Ferienkinder Weihnachtsturnus Innermanzing, Schikurs AT Sigmundsberg.

Die Jugenderholungsaktion des ÖGB half von 1946 bis 1954 über 67.000 Kindern und Jugendlichen, die oft aus durch den Krieg zerstörten Familien kamen. (oben links) Ermöglicht wurde sie durch die finanzielle Unterstützung der Arbeiterkammern.

Die Jugendlichen waren oft zu unterernährt für eine erfolgreiche Lehrausbildung, wie die Ärzte feststellten. Durch die Lebensmittelspenden der amerikanischen Quäker konnten sich die jungen Menschen in den ÖGB-Heimen endlich wieder satt essen. (Oben rechts, die Ankunft eines Spendentransports.)

Hilfe für die einzelnen Menschen, denen es an allem fehlte – Nahrung, Kleidung, Wohnung, Heizmaterial – war für den Wiederaufbau Österreichs und seiner Demokratie ebenso wichtig wie eine fortschrittliche humane Sozialpolitik und eine wirtschafts- und Steuerpolitik, die den Sozialstaat ermöglichte. Die Gewerkschaftsbewegung war in den ersten Nachkriegsjahren neben den Kirchen auch die wichtigste Sozialorganisation Österreichs.

Schuhverteilung aus einer Hilfslieferung an ArbeitnehmerInnen im ÖGB-AK-Gebäude in Wien 1945 (rechts). Die Wiederaufnahme der Arbeit verzögerte sich oft nur, weil geeignete Schuhe fehlten.

Unfall-, Kranken- und Pensionsversicherung wurden unter entscheidender Mitwirkung des ÖGB ab 1947 umgestaltet und verbessert. Dabei stand außer Frage, dass die Pflichtversicherung, bei der man sich die Versicherungsanstalt nicht aussuchen kann, der beste Weg ist, um Menschen mit kleinem Einkommen nicht zu benachteiligen. Sie stellte sich mit der Zeit nicht nur als die gerechteste, sondern auch als die preiswerteste Organisationsform für soziale Sicherheit heraus.

ArbeitnehmerInnenschutz-Kurs für BetriebsrätInnen in Zusammenarbeit mit AK und Unfallversicherung nach 1950.

Die beiden ÖGB-Bundeskongresse vor dem Staatsvertrag (rechts das Plakat des 2. Kongresses) waren nicht nur gewerkschaftliche, sondern österreichische Ereignisse. Denn neben dem Parlament und dem Österreichischen Arbeiterkammertag waren sie das demokratische Bindeglied zwischen den Menschen in den vier Besatzungszonen.

Ein britischer Geheimdienstbericht schätzte die Rolle des ÖGB 1946 wie folgt ein: „ … 1945 haben in Österreich keine Gewerkschaften bestanden. Und nun, in nicht viel mehr als einem Jahr, sind sie einer der Hauptkräfte im Leben Österreichs geworden. … Die österreichische Gewerkschaftsbewegung hat in den Augen so mancher viele Fehler …; geachtet jedoch wird sie von allen. Hier ist etwas Großes, Mächtiges, Fähiges, Freies und Unabhängiges in Österreich, das weder wienerisch noch kärntnerisch noch tirolerisch, sondern einzig und allein österreichisch und international ist.“ Mit dem Betriebsrätegesetz von 1947 wurde das Netzwerk in die Betriebe hinein ausgebaut und abgesichert. Damit konnte der ÖGB seine Rolle als eine Art demokratischer Kitt für ein Land, dessen demokratische Erfahrung sehr jung war, noch besser wahrnehmen.

Europäisches Gewerkschaftsjugendtreffen in Salzburg 1953 (links). Erstmals nach über 20 Jahren hoben sich die Grenzbalken zu Österreich für die Jugend. Die ÖGJ leistete einen großen Beitrag, um die vom Faschismus geprägte Jugend in die Demokratie hineinzuführen. (Links außen ein frühes ÖGJ-Werbeplakat.)

15. Mai 1955: Jubel vor dem Schloss Belvedere in Wien, als verkündet wurde, dass Österreich seinen Staatsvertrag und damit seine volle Unabhängigkeit erhalten hatte. Die letzten alliierten Truppen verließen noch in diesem Jahr das Land. Der ÖGB erinnerte mitten im Jubel daran, dass Freiheit und Demokratie immer verteidigt werden müssen (oben).

Die internationalen Kontakte des ÖGB und sein Ansehen bei den Alliierten spielten bei der Durchsetzung des Staatsvertrags eine wichtige Rolle. Das galt für die ausgezeichneten Beziehungen zu den Gewerkschaftsbünden der USA und ebenso für die aufrechte Gesprächsbasis mit den kommunistischen Gewerkschaften Mittel- und Osteuropas. Auch die Wahl Wiens als Tagungsort des vierten Weltkongresses der westlichen Gewerkschaftsinternationale im Mai 1955 sollte die Forderung nach dem Staatsvertrag unterstützen. Das war nun nicht mehr notwendig, aber der Kongress gab Wien als Konferenzstadt neue Impulse.

Afrikanische Delegierte beim Wiener IBFG-Kongress mit ÖGB-Generalsekretär Proksch (rechts Mitte). Das Kongress-Logo (rechts unten).

Anteil am Wirtschaftswunder

im souveränen Österreich 1955 bis 1966: Internationale Arbeit, neue Sozialversicherung, Ausbau der Sozialpartnerschaft

Österreichs östliche Nachbarn hatten kommunistische Regierungen. Der Aufstand gegen die Regierung in Ungarn wurde 1956 blutig niedergeschlagen. Der ÖGB koordinierte die Hilfe des Internationalen Bundes Freier Gewerkschaften für Aufständische und Flüchtlinge.

1956 ASVG in Kraft, ÖGB-Hilfe für Ungarn

1957 Sozialpartnerschaft: Paritätische Kommission für Preis- und Lohnfragen

1959/64 Generalkollektivverträge: 45-Stunden-Woche, mehr Urlaub

1965 dreijährige Funktionsperiode für Betriebsräte

Ab 1956 galt in Österreich das unter Karl Maisel entstandene Allgemeine Sozialversicherungsgesetz. Es schuf bessere Rahmenbedingungen für das soziale Netz. Unter dem nächsten Sozialminister Anton Proksch, bisher Generalsekretär des ÖGB, wurde unter anderem das Mutterschutzgesetz ausgeweitet. In der Phase nach dem Staatsvertrag ging es aber vor allem auch darum, den Menschen Arbeit zu sichern, deshalb setzte der ÖGB 1956 ein Arbeitsplatzsicherungsgesetz durch. Später, als das „Wirtschaftswunder" anfing, sorgten die Kollektivverträge dafür, dass die ArbeitnehmerInnen ihren Anteil daran erhielten, – durch besseren Verdienst und mehr Freizeit. 1959 wurde ein Generalkollektivvertrag über die 45-Stunden-Woche, 1964 einer über die Urlaubsverlängerung vereinbart.

Schon 1957 einigten sich ÖGB und Bundeswirtschaftskammer auf die Gründung der „Paritätischen Kommission für Preis- und Lohnfragen". Sie blieb Jahrzehnte das wichtigste Instrument der Sozialpartnerschaft.

1959 starb ÖGB-Präsident Johann Böhm. Ihm folgte Franz Olah von den Bau- und HolzarbeiterInnen. Er förderte die internationale Solidaritätsarbeit. 1961 vereinbarte er mit Wirtschaftskammerpräsident Julius Raab den Ausbau der Sozialpartnerschaft, darunter die Gründung des „Beirats für Wirtschafts- und Sozialfragen" 1963.

Franz Olah war ein bedeutender Politiker, die Verstrickung in partei- und medienpolitische Machtspiele und Finanzmanipulationen brachte ihn aber zu Fall. An seiner Stelle wurde der Metallarbeiter Anton Benya 1963 ÖGB-Präsident. In diesem Jahr war Wien Schauplatz des ersten Weltjugendtreffens der westlichen Gewerkschaftsinternationale.

Stolz auf den wirtschaftlichen Wiederaufbau prägte die Epoche nach dem Staatsvertrag. Das Linz-Donawitz-Verfahren für die Stahlproduktion galt als eine der Glanzleistungen. Hier wird ein LD-Tiegel nach Übersee verschifft.

Das Allgemeine Sozialversicherungsgesetz trat am 1. Jänner 1956 in Kraft. Viele Einzelgesetze waren jetzt zusammengefasst und gleichzeitig stark verbessert, die Arbeiterpension wurde fixiert (unten). 1965 setzte der ÖGB dann die gesetzliche Wertsicherung der Pensionen durch (rechts).

Mehr soziale Sicherheit, gesicherte Freizeit und bessere Löhne und Gehälter boten die Grundlage, dass so viele Menschen wie nie zuvor Chance auf Lebensqualität hatten. Das waren die ersten Schritte auf dem Weg zu einem echten Sozialstaat, der sich nicht nur um Unternehmen, sondern um die ganze Volkswirtschaft kümmert. Er zeichnet sich durch das Ziel aus, nicht nur ein stabiles Buget anzustreben, sondern auch soziale und finanzielle Sicherheit zu bieten und Barrieren beim Zugang zu Qualifikation, Bildung und Kultur niederzureißen. Für die Sozialpolitik zeichnete jetzt der bisherige ÖGB-Generalsekretär Anton Proksch verantwortlich, während Karl Maisel AK-Präsident in Wien wurde. Auch bei der „Bildungs- und Kulturoffensive“ im Jahrzehnt nach dem Staatsvertrag waren die Arbeiterkammern die wichtigsten Partnerinnen der Gewerkschaftsbewegung.

1959 gründeten ÖGB und AK das Berufsförderungsinstitut (bfi), um berufliche Qualifikation unabhängig von einem Angebot in der Firma und auch bei kleinem Einkommen zu ermöglichen (rechts). Aber die Gewerkschaftsbewegung förderte auch kreative Freizeitgestaltung (oben).

Flüchtlinge aus Ungarn an der österreichischen Grenze (oben).

1956 erhob sich ein großer Teil der ungarischen Bevölkerung gegen das kommunistische Regime. Der ÖGB koordinierte zusammen mit einem Komitee der Gewerkschaftsinternationale IBFG die Überlebenshilfe für die RegimegegnerInnen. Der spätere ÖGB-Präsident Anton Benya begleitete die LKW-Konvois mit Hilfsgütern, um sie sicher nach Ungarn zu bringen.

Nachdem der Aufstand mit Hilfe der Sowjetunion niedergeschlagen worden war, kamen 190.000 Flüchtlinge nach Österreich. Wie alle anderen demokratischen Institutionen beteiligte sich der ÖGB mit großem Einsatz an der Flüchtlingshilfe.

Aufruf des ÖGB, den Menschen in Ungarn und den Flüchtlingen zu helfen (oben ein Plakat von 1956).
Beim ÖGB-Weihnachtsplakat 1957 schwang noch die Erinnerung an das Flüchtlingselend des Jahres 1956 mit (links unten).

Im Hintergrund: Die biblische Geschichte von der Flucht nach Ägypten vor König Herodes, der das Jesuskind ermorden lassen will – Maria mit dem Kind auf dem Esel, geführt von Josef, dem Zimmermann. Papst Pius XII. widmete 1955 den 1. Mai Josef, dem Arbeiter, so dass er 1956 erstmals auch ein kirchlicher Feiertag war.

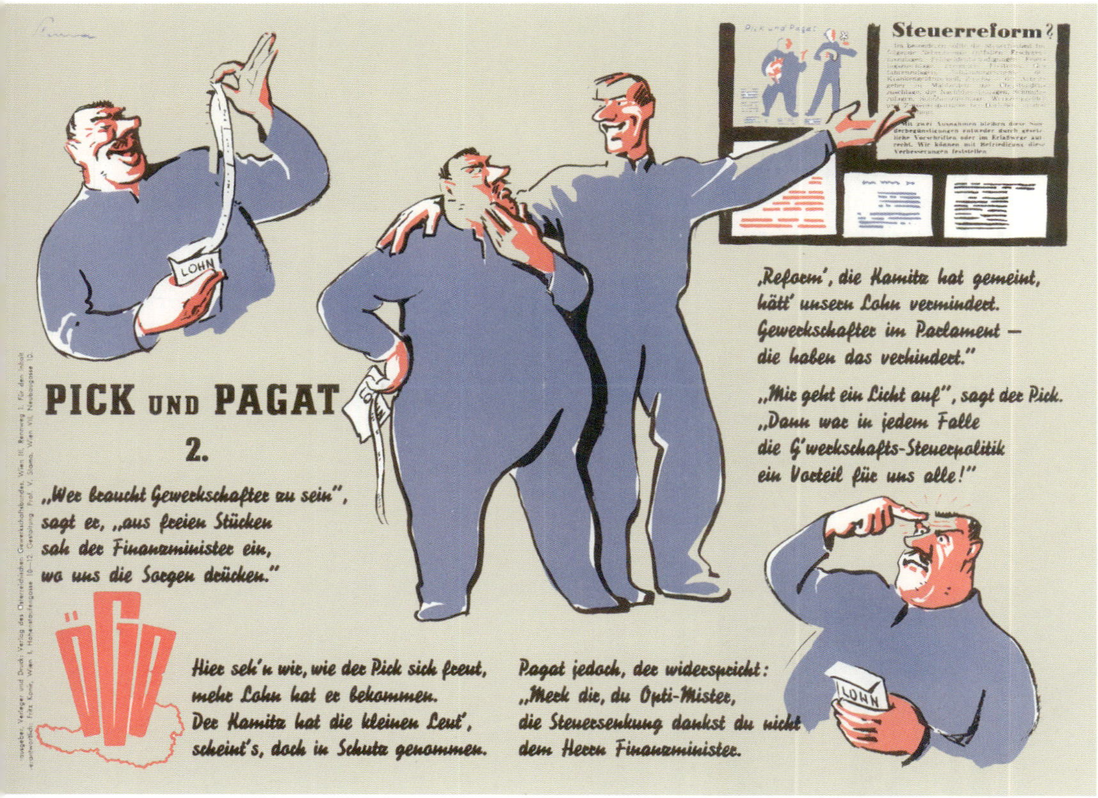

In ihrem zweiten Comics-Poster erklärten Pick und Pagat an Hand der aktuellen Lohnsteuerreform, warum es wichtig ist, dass die Gewerkschaftsbewegung in der „großen Politik" mitmischt und GewerkschafterInnen im Parlament vertreten sind.

Einflussnahme auf die Steuerpolitik war der eine Weg, um zu erreichen, dass die Erfolge bei den Kollektivvertragsverhandlungen erhalten blieben. Der andere Weg war – im beginnenden „Wirtschaftswunder" umso mehr – das Sichern von Preisstabilität und faire Kompromisse mit der ArbeitgeberInnenseite und dem Staat im Vorfeld politischer Entscheidungen.

Der ÖGB setzte dabei weiter auf Verhandlungen. Streiks und andere Kampfmaßnahmen sollten nur als letztes Mittel zur Durchsetzung von Forderungen dienen. Aber der ÖGB erklärte deutlich, dass er die Wirtschafts- und Sozialpartnerschaft als Konfliktlösungsinstrument unter Beteiligung von Arbeitnehmer- und ArbeitgebervertreterInnen und dem Staat nur so lange befürworte, solange den ArbeitnehmerInnen daraus keine Nachteile erwachsen würden.

Eine Comics-Serie auf ÖGB-Postern in der zweiten Hälfte der 1950er Jahre (links): Pick und Pagat erklärten in Reimen, wo die Stammtischmeinung über die Politik falsch lag.

Der ÖGB forderte zuerst eine öffentliche Wirtschaftskommission (rechts), entschied sich dann aber für eine feiwillige Sozialpartner-Plattform. Sie sollte nicht nur die Preise vor allem bei den Grundnahrungsmitteln stabil halten, sondern auch KV-Verhandlungen freigeben.

1957 wurde die „Paritätische Kommission für Preis- und Lohnfragen" eingerichtet. Der neue ÖGB-Präsident Franz Olah erreichte in Verhandlungen mit Wirtschaftskammer-Präsident Julius Raab ab 1959 die weitere Aufwertung der Sozialpartnerschaft. 1963 erfolgte die Gründung des „Beirats für Wirtschafts- und Sozialfragen".

1958 demonstrierten Bergarbeiter für die 45-Stunden-Woche (links), kurz darauf wurde sie im Bergbau eingeführt. Andere Kollektivverträge folgten und 1959 ein General-KV für fast alle ArbeitnehmerInnen. Mit dem Neujahrsplakat 1959 verwies der ÖGB darauf, dass die Fortschritte nicht leicht zu erzielen waren (rechts).

Generalkollektivverträge zwischen dem ÖGB und der Wirtschaftskammer, deren Inhalt dann Gesetz wird, sind nur durch die österreichische Form der Sozialpartnerschaft möglich. Mit einem solchen General-KV wurden 1959 die erste große Arbeitszeitverkürzung, 1964 die Verlängerung des Mindesturlaubs auf drei Wochen und nach einem Jahrzehnt die 40-Stunden-Woche erreicht.

Nach dem Zweiten Weltkrieg erkämpften die Menschen in den Kolonien der europäischen Großmächte oft in blutigen Kriegen ihre Unabhängigkeit. Die meisten von ihnen waren bisher von gewerkschaftlicher Organisation ausgeschlossen gewesen. Und die neuen eigenen Regierungen trugen wenig dazu bei, den Aufbau von ArbeitnehmerInneninteressenvertretungen zu fördern. Dadurch war es noch schwieriger, die großen sozialen Unterschiede zu beseitigen, was die Gefahr neuer Kriege verstärkte.

Vor diesem Hintergrund beschloss das Präsidium des ÖGB im Februar 1960, einen Fonds für Entwicklungshilfe einzurichten. Er sollte vor allem die Arbeit freier Gewerkschaftsorganisationen in den jungen selbständigen Staaten Asiens und Afrikas unterstützen. Ein besonderes Anliegen war es den österreichischen GewerkschafterInnen, KollegInnen aus Afrika die Chance auf eine gute Berufsausbildung zu geben.

Lange bevor das Wort „Globalisierung“ in Mode kam, machte der ÖGB im Rahmen seines Entwicklungshilfeprojekts darauf aufmerksam, dass eine große Kluft zwischen Arm und Reich auf der Welt auch den europäischen ArbeitnehmerInnen Nachteile bringe. Im „Kalten Krieg“ zwischen „Ost“ und „West“ ging es aber auch darum, die westliche Gewerkschaftsidee zu fördern.

Information des ÖGB über die Ziele des Entwicklungsfonds für die Gewerkschaften in den neuen Staaten Asiens und Afrikas (ganz oben).

Im Rahmen eines Programms der Gewerkschaftsjugend kamen 1962 afrikanische Kollegen nach Österreich, um eine Berufsausbildung zu absolvieren (oben). Sie sollten die Fähigkeiten erwerben, führend am Aufbau der Produktion in ihren Heimatländern mitzuwirken

Was mancher Regierungschef vergeblich anstrebte, war für ÖGB-Präsident Franz Olah kein Problem: 1962 wurde er von US-Präsident John F. Kennedy empfangen. Kennedy hatte seinen knappen Wahlsieg in hohem Maß der Unterstützung durch die Gewerkschaften zu verdanken. Er unterzeichnete in Gegenwart des Gastes aus Österreich ein von den Gewerkschaften gefordertes Sozialgesetz (rechts).

Die ÖGB-Frauenorganisation setzte sich besonders engagiert für einen gemeinsamen Frauenausschuss des Internationalen Bundes Freier Gewerkschaften (IBFG) und der Internationalen Berufssekretariate ein. Die Internationalen Berufssekreteriate waren die Weltorganisationen der einzelnen Branchen- und Fachgewerkschaften, aus ihnen gingen die „Global Unions" hervor. Der Frauenausschuss der Gwerkschaftsinternationalen traf sich unter dem Vorsitz Wilhelmine Moiks vom ÖGB (vierte von rechts) 1960 in Wien (oben).

In den 1960er Jahre begannen Frauen wieder selbstbewusster zu werden. Auf dem Plakat der Büchergilde der Gewerkschaft sind sie nicht mehr nur Aufputz für das Auto, sondern haben das Lenkrad erobert (rechts oben).

Frauen und Jugendliche begannen auch innerhalb der Gewerkschaftsbewegung, ihren besonderen Anliegen selbstbewusster Gehör zu verschaffen. Dies war leichter möglich, seit durch die Tätigkeit des ÖGB der schlimmste wirtschaftliche und soziale Druck beseitigt war.

Auch am Aufbau der Jugendabteilung des IBFG war Österreich führend beteiligt. Im Juni 1963 kamen Hunderte junge Menschen aus allen Kontinenten zum ersten Weltjugendtreffen der Gewerkschaftsinternationale nach Wien (unten).

Das erfolgreiche Projekt „Sozialstaat"

während der Alleinregierungen der Großparteien 1966 bis 1983: Sozialpaket, 40-Stunden-Woche, mehr Mitbestimmung

Nach dem Ende der großen Koalition aus Sozialistischer Partei (SPÖ) und Österreichischer Volkspartei (ÖVP) bildete Josef Klaus 1966 eine ÖVP-Alleinregierung. Es kam jetzt verstärkt zu Streiks, unter anderem wegen der Politik gegenüber der Verstaatlichten Industrie. Aber die Regierung anerkannte die sozialpolitische Kompetenz der Gewerkschaft. In Absprache mit dem ÖGB wurde die christliche Gewerkschafterin Grete Rehor von den TextilarbeiterInnen Sozialministerin und so erste Ministerin Österreichs. 1969 konnte das Berufsausbildungsgesetz erreicht werden, das der Lehrausbildung endlich eine eigenständige Qualität zuerkannte. Ein großer Erfolg für die ArbeitnehmerInnen war der ebenfalls 1969 vereinbarte Generalkollektivvertrag über die 40-Stunden-Woche.

1969 Berufsausbildungsgesetz, Generalkollektivvertrag zur 40-Stunden-Woche

1971 – 1983 wichtige Sozialgesetze wie Nachtschicht-Schwerarbeitsgesetz

1973/74 Jugendvertrauensräte, Arbeitsverfassungsgesetz

1977 General-KV zum Urlaubsrecht

Von 1970 bis 1983 amtierten SPÖ-Alleinregierungen mit Bundeskanzler Bruno Kreisky. Durch viele Einzelmaßnahmen wurde Österreich zum fortschrittlichen Sozialstaat, die Mitbestimmung der ArbeitnehmerInnen wurde mit dem Jugendvertrauensrätegesetz und dem Arbeitsverfassungsgesetz ausgeweitet. Die Sozialminister, die diese Gesetze vorbereiteten, waren die Gewerkschafter Rudolf Häuser (Privatangestellte), Gerhard Weißenberg (ÖGB und Arbeiterkammer) und Alfred Dallinger (Privatangestellte). Als Staatssekretärin im Sozialministerium kümmerte sich die Metallarbeiterin Franziska Fast besonders um Frauenanliegen. Die Bedeutung der Gewerkschaftsbewegung wurde durch die Wahl von Anton Benya zum ersten Nationalratspräsidenten und von Robert Weisz (Gemeindebedienstete) zum SPÖ-Klubobmann sichtbar anerkannt.

Mit dem „Unternehmen Stop" startete die Gewerkschaftsjugend 1972 eine Fragebogenaktion und Kampagne zur Einhaltung des Kinder- und Jugendbeschäftigungsgesetzes und des Berufsausbildungsgesetzes.

In dieser Ära begannen neue und bessere Kontakte zwischen ÖGB und katholischer Kirche: 1973 referierte Kardinal Franz König erstmals vor dem ÖGB-Bundesvorstand. Aber es öffneten sich auch neue Fronten wie in der Frage der friedlichen Nutzung der Atomenergie, die von den BürgerInnen zunehmend abgelehnt wurde.

Die Regierung Klaus 1966 mit der Textilarbeiterin Grete Rehor als erste Ministerin Österreichs (oben links).

Die Kreisky-Regierungen hatten auch außerhalb des Sozialressorts weibliche Mitglieder wie die ehemalige AK-Expertin Hertha Firnberg als Wissenschaftsministerin. Nationalratspräsident war ab 1971 ÖGB-Präsident Anton Benya (oben Mitte).

Schallplatte mit der Rede von Wiens Erzbischof Kardinal Franz König vor dem ÖGB-Bundesvorstand 1973 (oben rechts). Der Kardinal und der ÖGB setzten damit ein Zeichen für die Aussöhnung zwischen katholischer Kirche und ArbeiterInnenbewegung. Sie war eine der Grundlagen für die friedliche Entwicklung in der Zweiten Republik.

ÖGB-Präsident Benya unterstrich zu Beginn der ersten Alleinregierung einer Partei in Österreich 1966 den Grundsatz, der die Politik der Gewerkschaftsbewegung seit 1945 bestimmte: Der ÖGB beurteilt eine Regierung ausschließlich danach, in welchem Ausmaß sie bereit ist, ArbeitnehmerInneninteressen zu berücksichtigen.

Republikfeier der Gewerkschaftsjugend in Mauthausen 1965 (links).

„Wir wollen nie wieder eine Diktatur der ‚Herrenmenschen‘ ... wir wollen alle Kraft anwenden, um unsere Demokratie zu erhalten, zu verbessern und zu vermenschlichen“ hieß es 1965 in der ÖGJ-Broschüre „Was geht uns Mauthausen an?“ für die TeilnehmerInnen an der Feier.

Begegnung von Kindern und ehemaligen KZ-Häftlingen während der Befreiungsfeier in Mauthausen 2006 (unten).

Ab 1970, in der Zeit der SPÖ-Allein-Regierungen unter Bundeskanzler Bruno Kreisky, konnte der ÖGB besonders viele seiner Ziele verwirklichen. Das reichte von mehr Freizeit und Urlaub und besserem ArbeitnehmerInnenschutz über mehr Mitbestimmung und die Angleichung der Rechte von ArbeiterInnen und Angestellten auf vielen Gebieten bis zum Gleichheitsgrundsatz für Frauen und dem Ausbau der Hilfe für Arbeitslose.

1968 gab es drei Wochen Mindesturlaub, abgesichert durch einen General-KV von 1964 (rechts oben). Das Prinzip „Krankheit unterbricht Urlaub" wurde eingeführt und 1976 betrug der Mindesturlaub bereits vier Wochen, geregelt in einem gemeinsamen Urlaubsgesetz für ArbeiterInnen und Angestellte. Dafür hatte der ÖGB besonders lang kämpfen müssen.

1970 unterzeichneten der ÖGB und die Bundeswirtschaftskammer den Generalkollektivvertrag zur Einführung der 40-Stunden-Woche in drei Etappen. Die 43-Stunden-Woche kam schon in diesem Jahr und 1975 war das Ziel erreicht (rechts Mitte). Das Arbeitszeitgesetz wurde entsprechend angepasst.

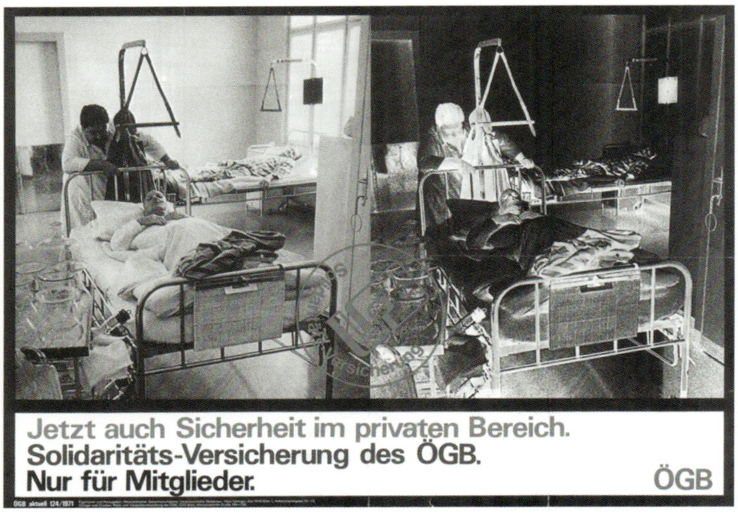

Ab 1966 übernahm die Krankenversicherung die Spitalskosten ohne Zeitlimit, ab 1974 erhielten auch ArbeiterInnen Lohnfortzahlung im Krankheitsfall. Die Möglichkeit der Pflegefreistellung gab es ab 1976 (links Mitte).

1972 richtete der ÖGB für seine Mitglieder eine Versicherung ein, die neben anderen Leistungen auch Spitalsgeld bei Freizeitunfällen zahlt (links unten).

1969 beschloss das Parlament das Berufsausbildungsgesetz. Damit wurde auch, wie vom ÖGB seit Jahrzehnten gefordert, der betriebliche Teil der dualen Lehre als echte Ausbildung aufgewertet.

Auf ArbeitnehmerInnenseite führten VertreterInnen der Gewerkschaftsjugend die Verhandlungen zum Berufsausbildungsgesetz. (Links oben ein ÖGJ-Plakat aus dieser Zeit.)

ÖGB-Präsident Benya 1975 mit PreisträgerInnen des ÖGB-Stiftungsfonds zur Förderung der Facharbeit (unten). Der Preis, der seinen Namen trägt, wurde 1972 aus Anlass seines 60. Geburtstags geschaffen.

Das Kinder- und Jugendbeschäftigungsgesetz wurde immer wieder unterlaufen. Mit der Kampagne „Unternehmen Stop" deckte die ÖGJ Anfang der 1970er Jahre die Missstände auf, eine zweite Kampagne folgte 1980. 1981 wurde der gesetzliche Schutz verbessert. (Links Forderung nach menschlicher Behandlung der Jugendlichen im Betrieb.)

Ab der zweiten Hälfte der 1960er Jahre erhielten ArbeitnehmerInnenfamilien bessere Grundlagen für eine gute Ausbildung ihrer Kinder. 1968 wurde die Kinderbeihilfe durch eine einheitliche und höhere Familienbeihilfe ersetzt. Ab 1970 brachten freie Schulbücher und Schulfahrten, Schul- und Heimbeihilfen und die Abschaffung der Studiengebühren den Familien finanzielle Entlastung.

Die Metallerin Franziska Fast wollte als Staatssekretärin Frauen Mut machen, auch „typische Männerberufe" zu ergreifen, wenn sie daran Interesse haben (rechts). Verbesserungen beim Karenzgeld und beim Mutterschutz erleichterte Frauen die Berufstätigkeit. Das Gleichbehandlungsgesetz von 1979 half auch beim Abbau der Diskriminierung von Frauen in der Arbeitswelt.

Die betriebliche Mitbestimmung konnte bis 1983 erweitert und auf bessere rechtliche Grundlagen gestellt werden. Es begann 1967 mit dem Bundespersonalvertretungsgesetz. 1972 wurden die Jugendvertrauensräte in einem eigenen Gesetz verankert. 1973 fasste das Arbeitsverfassungsgesetz die bestehenden Mitbestimmungsregelungen für die Privatwirtschaft zusammen und verbesserte sie – vom Kollektivvertragsgesetz über das Betriebsrätegesetz bis zum neuen Jugendvertrauensrätegesetz.

Ehrenbürgerschaft der Universität Wien für einen Betriebsratsvorsitzenden, der diese Auszeichnung 1975 stellvertretend für seine KollegInnen erhielt (unten). Damit wurde die Interessenvertretung der ArbeitnehmerInnen als wichtige demokratische Kraft anerkannt.

Die Gewerkschaftsjugend setzte sich mit Unterschriftenaktionen für die rasche Beschlussfassung des Jugendvertrauensrätegesetzes ein (ganz oben).

Mit dem Jugendvertrauensrätegesetz erhielten Jugendliche in Österreich erstmals ein gesetzliches Wahlrecht. Die ersten Wahlen fanden 1974 statt (oben).
2010 erreichte die Gewerkschaftsjugend, dass auch die Lehrlinge in überbetrieblichen Lehrwerkstätten Jugendvertrauensräte wählen können.

Anfang der 1970er Jahre konnten die Gewerkschaften die besten Kollektivverträge abschließen, die bisher in der Zweiten Republik zu erreichen gewesen waren (links oben).

Anfang der 1970er Jahre stiegen die ausgezahlten Löhne und Gehälter bis zu 12 Prozent und auch noch Mitte des Jahrzehnts nach der Energiekrise bis zu fast sechs Prozent. Die Ursachen dafür waren ein sehr hohes Wirtschaftswachstum und die Wirtschafts- und Steuerpolitik der sozialdemokratischen Alleinregierungen unter Bundeskanzler Bruno Kreisky. Um die Kaufkraft zu erhöhen und zu erhalten, mussten ArbeitnehmerInnen weniger Steuern zahlen als zuvor.
Ziel des ÖGB bei den Kollektivvertragsverhandlungen war und ist es, dass sich auch ArbeitnehmerInnen mit kleinem Einkommen ein gutes Leben leisten konnten.

Plakat einer Konsumentenschutzausstellung der Arbeiterkammer (links Mitte). Als sich die ArbeitnehmerInnen mehr leisten konnten, wurde der Konsumentenschutz umso wichtiger, um Preistreiberei zu bremsen und für Produktsicherheit zu sorgen. Preiskontrollore waren in ganz Österreich unterwegs und zeigten Missstände auf. Sie nutzen dafür die Belangsendungen von Arbeiterkammer und ÖGB in Radio und Fernsehen. Österreich erhielt 1979 eines der modernsten Konsumentenschutzgesetze Europas. Zuständig dafür war Handelsminister Josef Staribacher, Vorsitzender der Gewerkschaft der Lebens- und Genussmittelarbeiter und früherer AK-Wirtschaftsexperte.

Die BurgschauspielerInnen Stroux, Eckert, Bißmeier, Vingerhouts und Liewehr 1985 in dem Stück „Armer Cyrano" auf der Bundestheatertournee des Österreichischen Arbeiterkammertags in Voitsberg (links unten). Die Aktion begann 1976 nach Absprache des Österreichischen Arbeiterkammertags mit den BundestheaterbetriebsrätInnen und der Gewerkschaft Kunst, Medien, freie Berufe sowie einem Vertragsabschluss mit der Bundestheaterverwaltung. Burgtheater, Staatsoper und Volksoper kamen in die Bundesländer zu den SteuerzahlerInnen, die ihre Arbeit finanzieren. Nach 10 Jahren hatten fast 170.000 BesucherInnen die Aufführungen an 56 Spielorten gesehen. Den Abschluss bildete 1988 eine Lesung aus dem „Tagebuch der Anne Frank". Das jüdische Mädchen schrieb es in einem Versteck in Holland, bis es mit seiner Familie von den Nazis entdeckt und im KZ Ausschwitz-Birkenau ermordet wurde.

Nach dem „Ölschock“ 1973 wurde Energiesparen erstmals nach dem Zweiten Weltkrieg zum Thema.

Auch der ÖGB rief zum Energiesparen auf. Das Plakat zeigt im Hintergrund das Betriebsgelände der „Österreichischen Mineralölverwaltung“ ÖMV in Schwechat bei Wien (rechts oben).

Der österreichische Wirtschaftsboom ging zu Ende. Der ÖGB setzte wie die großen Parteien auf die friedliche Nutzung der Kernenergie, um Arbeitsplätze zu sichern. Aber die Gegner des Projekts „Zwentendorf“ konnten ihre Anhänger bei der Volksabstimmung 1978 stärker mobilisieren. Österreich wurde zu einem der ganz wenigen Länder ohne Atomkraftwerk. Gleichzeitig war die Regierung damals aber auch Verbündete des ÖGB bei dem Bemühen, die Arbeitslosigkeit durch staatliche Stützungen so niedrig wie möglich zu halten. Dank dieser Politik hatte Österreich Jahrzehnte lang weniger Arbeitslosigkeit als anderen europäischen Länder.

Nach dem „Ölschock“ nahmen Firmenpleiten zu. ArbeitnehmerInnen konnten ausständige Lohn- und Gehaltszahlungen nur mehr sehr schwer eintreiben. Zur Sicherung der ArbeitnehmerInnenansprüche beschloss das Parlament auf Initiative des ÖGB 1977 das „Insolvenzentgeltsicherungsgesetz“ (rechts).

Auf der ganzen Welt protestierten Millionen Menschen gegen das atomare Wettrüsten der Supermächte. 1982 nahmen an der großen Friedensdemonstration in Wien etwa 70.000 Menschen teil, darunter auch viele Betriebsbelegschaften.

1982 mit dabei waren Mitglieder der polnischen Gewerkschaft „Solidarność“, die als EmigrantInnen in Wien lebten. Solidarność war die erste der Protestbewegungen der 1980er Jahre gegen die kommunistischen Regimes in Mittel- und Osteuropa. Sie ließen sich nicht mehr so leicht unterdrücken wie 1968 der „Prager Frühling“.

Für Chancen unter neuen Bedingungen

am Beginn der neuen industriellen Revolution 1983 bis 2000: Gewerkschaft im neuen Europa. Auffangnetze, Bildungschancen und der Kampf um die Mitbestimmung

1985 Erster Kollektivvertrag mit 38-Stunden-Woche

1987 Erste Arbeitsstiftung (Stahlstiftung), Arbeits- und Sozialgerichtsgesetz

1992 Lehrlingsfreifahrt

1994/95 Europäischer Betriebsrat

Am Ende des 20. Jahrhunderts stellten neoliberale Regierungen in ganz Europa den Sozialstaat in Frage, traten gegen Gewerkschaften auf und privatisierten staatliche Leistungen. Gewerkschaften galten plötzlich als überholt und auch die Arbeiterkammern standen trotz hoher Zustimmung bei einer Mitgliederbefragung 1996 zur Diskussion.

Die „neue“ Politik zeigte sich schon während der Stahlkrise in der ersten Hälfte der 1980er Jahre. Auch die Verstaatlichte Industrie Österreichs war von Privatisierungen und Entlassungen betroffen. Um den ArbeitnehmerInnen eine Chance zu geben, wurde ab 1987 das Instrument der „Arbeitsstiftungen“ eingesetzt. Mit dem Arbeits- und Sozialgerichtsgesetz, gesetzlichen und KV-Regelungen für Leiharbeit und der Verteidigung der Kollektivvertragshoheit bei der Arbeitszeitregelung konnte der ÖGB Instrumente zum Schutz der ArbeitnehmerInnen auf den „flexiblen“ Arbeitsmärkten erreichen. Ab 1980 nahm die Arbeitslosigkeit erstmals wieder unter Jugendlichen zu und sie wuchs in den 1990er Jahren, obwohl viele Betriebe hohe Gewinne machten, – nicht zuletzt als Folge der „elektronischen Revolution“. Die von ÖGB und Arbeiterkammern initiierten Jugendausbildungsaktionen gaben vielen jungen Menschen Hoffnung. Um Lohndumping zu verhindern, verlangte der ÖGB klare Regelungen für Ausländerbeschäftigung, aber ebenso entschieden trat er gegen Ausländerhass auf.

Nach dem Fall der komunistischen Regime in Mittel- und Osteuropa um 1990 half der ÖGB beim Neuaufbau demokratischer Gewerkschaften. Viele der neuen Organisationen traten dem Europäischen Gewerkschaftsbund bei, dessen Präsident fast zehn Jahre Fritz Verzetnitsch war, seit 1987 Nachfolger von Anton Benya als ÖGB-Präsident. Einer der Erfolge des EGB in dieser Zeit war die EU-Richtlinie über den Europäischen Betriebsrat, die seit dem EU-Beitritt ab 1995 auch für Österreich gilt.

Brüssel 1989: Die ÖGB-Delegation bei der Großkundgebung des Europäischen Gewerkschaftsbunds für ein soziales Europa. Der 1973 gegründete EGB führte über Jahrzehnte eine Kampagne gegen Arbeitslosigkeit und Sozialabbau.

1999 protestierten GewerkschafterInnen im Parlament, weil die geforderte volle Angleichung der ArbeiterInnenrechte an die Angestelltenrechte trotz Regierungsbeschluss nicht verwirklicht wurde (oben). Die ÖGB-Kampagne für dieses Anliegen lief seit 1994.

Zu Beginn der 1980er Jahre begann sich die Arbeitswelt durch die „elektronische Revolution" rasant zu verändern. Die traditionelle Trennung in Arbeiter- und Angestelltentätigkeiten wurde immer mehr aufgehoben. Die Ideologie von „mehr privat und weniger Staat" wurde modern, die Gewerkschaftsbewegung wurde als überholt dargestellt, um so ihren Einfluss zurückzudrängen.

Dieses ÖGB-Plakat aus dem Jahr 1983 stellte fest, dass neue Technologien nicht automatisch zu einer weniger gerechten Gesellschaft führen müssen, dass es vielmehr auf die Entscheidung der Menschen ankommt (links oben).

KV-Verhandlungen blieben das wichtigste Instrument, um ArbeitnehmerInnenrechte durchzusetzen. Auf ihrer Basis wurde auch die weitere Verlängerung des Mindesturlaubs ab 1983 im Gesetz verankert (links unten).

Gewerkschaftsdemonstration in Linz gegen die Privatisierungs- und Sanierungspläne für die VOEST und die anderen Unternehmen der Verstaatlichten Industrie 1986 (unten). Die für die betroffenen ArbeitnehmerInnen auf Initiative des ÖGB eingerichteten Arbeitsstiftungen boten die Chance auf qualifizierte berufliche Neuorientierung.

Der ÖGB verlangte 1984 den Bau des Donaukraftwerks in der Hainburger Au mit dem bisher allgemein anerkannten Argument, das Ziel sei saubere Energie aus Wasserkraft (oben links). Umweltschutz und ArbeitnehmerInnenschutz waren eng miteinander verbundene Anliegen (links Mitte). Auseinandersetzung zwischen Polizei und AubesetzerInnen, die den Kraftwerksbau verhindern wollten (rechts oben). Sie hatten – unterstützt von Medien und aus der Bevölkerung – Erfolg. Für den ÖGB und seine Gewerkschaften hatte dagegen die Sorge um die Arbeitsplätze im beginnenden Wirtschaftsabschwung Vorrang.

Umweltschutz als ArbeitnehmerInnenschutz ist gewerkschaftliches Ziel von Anfang an. Nach 1980 konnte eine deutliche Verbesserung des ArbeitnehmerInnenschutzes erreicht werden, besonders durch das 1994 beschlossene neue ArbeitnehmerInnenschutzgesetz. Seit 1995 gibt es Sicherheitsvertrauenspersonen in den Betrieben und 1999 wurde die arbeitsmedizinische Betreuung auf Arbeitsstätten mit weniger als 51 Beschäftigten ausgedehnt.

Durch Privatisierung und Ausgliederung verloren viele ArbeitnehmerInnengruppen, von LokführerInnen bis ForstarbeiterInnen, ihr spezielles Dienstrecht. Für sie wurden jetzt auch Kollektivverträge verhandelt. Ohne das Eingreifen der Gewerkschaften wäre es für die Betroffenen zu gravierenden Nachteilen gekommen.

Die Ausgliederung und teilweise Privatisierung von staatlichen Einrichtungen wie Bahn oder Post, aber auch Universitäten, Bundesforste oder Staatsdruckerei entzog sie weitgehend dem Einfluss des demokratisch gewählten Parlaments.

Eine Wirtschaftskrise verschärfte das Problem der Arbeitslosigkeit. Der ÖGB wollte durch die schrittweise Einführung der 35-Stunden-Woche die Arbeit besser verteilen. Als es der Wirtschaft gegen 1985 wieder besser ging, gab es für die große Mehrheit der ArbeitnehmerInnen eine Wochenarbeitszeit unter 40 Stunden. Bessere Qualifizierungs- und Bildungschancen waren im Elektronikzeitalter unverzichtbar. Gute Ausbildung bedeutete aber nicht mehr automatisch die Chance auf einen guten Job. Die Stammbelegschaften wurden kleiner, Arbeitskräfte immer häufiger bei Bedarf „zugekauft". Auf Initiative des ÖGB bot das Arbeitskräfteüberlassungsgesetz ab 1988 erstmals Rechtssicherheit für LeiharbeiterInnen.

Streik der FinanzbeamtInnen 1997 gegen Personalmangel und das Streichen einer Zulage (oben).

Demo für Ausbildungsplätze 1995 (links Hintergrund) und ÖGJ-Aktion für eine gerechtere Finanzierung der Lehre (links außen unten).
ÖGB und AK setzten ein „Auffangnetz" durch, das Jugendlichen den Einstieg in eine Ausbildung bot (links unten). Deutsch- und Englischunterricht an den Berufsschulen und die Lehrlingsfreifahrt wurden erreicht, Berufsreifeprüfung und Fachhochschulen erleichterten Jugendlichen aus weniger begüterten Familien den Hochschulzugang.

Um zu verhindern, dass die Kluft zwischen gut und schlecht Verdienenden immer größer wird, setzte sich der ÖGB 1990 das Ziel, in den Kollektivverträgen einen Mindestlohn von 10.000 Schilling durchzusetzen. Das Ziel war 1994 fast erreicht, dann wurden 12.000 Schilling angestrebt. Dank der Lohnpolitik des ÖGB stiegen Frauenlöhne von 1980 bis 1996 stärker als Männerlöhne. Die Förderungs- und Schutzbestimmungen für berufstätige Frauen im Gleichbehandlungsgesetz 1992 trugen ebenfalls die Handschrift des ÖGB. Für die immer größere Zahl an geringfügig Beschäftigten konnte 1998 die Möglichkeit der freiwilligen Selbstversicherung erreicht werden.

Mit dem Arbeitsruhegesetz wurde 1984 die Sonntagsruhe in eine längere Wochenendruhe umgewandelt. 10 Jahre später musste der freie Sonntag wieder verteidigt werden – ein gemeinsames Anliegen von Kirchen und Gewerkschaft.

Kollektivvertragsverhandlungen waren nach 1990 schwieriger als im Jahrzehnt davor. Das galt für die Lohnverhandlungen ebenso wie für Arbeitszeitregelungen. Der ÖGB setzte 1997 durch, dass das Arbeitszeitgesetz weiter Geltung hat und flexible Arbeitszeiten nur auf Basis von Kollektivverträgen eingeführt werden.

Ein Beitrag, der half, den sozialen Zusammenhalt in den Familien zu stärken, war die 1989 eingeführte Väterkarenz. Allerdings fehlten noch viele Voraussetzungen, damit junge Familien dieses Angebot auch in Anspruch nehmen konnten.

AK-Mitgliederbefragung 1996 (rechts oben). Bei hoher Beteiligung bestätigten über 90 Prozent der ArbeitnehmerInnen, dass sie auf ihre gesetzliche Interessenvertretung nicht verzichten wollten.

Es kam in Mode, Kammern und Sozialpartnerschaft und insbesondere ÖGB und Arbeiterkammer in Frage zu stellen. Das Engagement der GewerkschafterInnen verhinderte, dass der AK ihre politische Bedeutung und ihre finanzielle Grundlage genommen wurden. Und die Sozialpartnerschaft bewies, dass sie auch in schwierigen Zeiten als Konfliktregelungsinstrument funktionierte.

Der Internationale Bund Freier Gewerkschaften (links oben) forderte vergeblich, dass Kredite für die „Transformationsstaaten" nach dem Ende des Kommunismus an die Verpflichtung zum Aufbau von Sozialsystemen gebunden sein sollten.

Nach dem Sturz des Kommunismus in Mittel- und Osteuropa führte Nationalismus zu neuen Kriegen und die sozialen Netze waren zerstört. Die ArbeitnehmerInnen, die deshalb nach Österreich kamen, wurden oft für Lohn- und Sozialdumping missbraucht. Deshalb forderte der ÖGB gleichzeitig konsequentes Vorgehen gegen Schwarzunternehmertum und Rassismus.

1993 gab es die Mitgliederzeitschrift der AK Wien auch auf Serbokroatisch und Türkisch (oben). Die AK-Rechtsberatung wurde zu einem der größten Integrationsprojekte für ArbeitnehmerInnen mit ausländischer Herkunft.

Ab 1987 half das Arbeits- und Sozialgerichtsgesetz, ArbeitnehmerInnenrechte besser zu verteidigen. 1992 wurde der Rechtsschutz durch die AK gesetzlich ausgeweitet.

1993 wirkten der ÖGB und seine Gewerkschaften engagiert daran mit, dass in Wien über 200.000 Menschen mit einem „Lichtermeer" gegen Ausländerfeindlichkeit demonstrierten (links unten).
Zwei neue österreichische Staatsbürgerinnen als Bewohnerinnen des Ferdinand Hanusch-Hofs in Wien (rechts unten).

ÖGB-Präsident Fritz Verzetnitsch und Altbundeskanzler Bruno Kreisky 1989 bei der Präsentation des Berichts der Kommission für Beschäftigungsfragen in Europa unter dem Motto „20 Millionen suchen Arbeit" (oben links). Kreisky war Vorsitzender der auf Initiative des Europäischen Gewerkschaftsinstituts gebildeten Kommission. Als Präsident des EGB steuerte Verzetnitsch ab 1993 die europaweite Kampagne für eine aktive europäische Beschäftigungspolitik (oben rechts).

In den Debatten um den Europäischen Wirtschaftsraum und den EU-Beitritt Österreichs, Schwedens und Finnlands um 1990 erreichte der ÖGB ein koordiniertes Vorgehen der beteiligten EGB-Gewerkschaften. Einer der wichtigsten Erfolge des Europäischen Gewerkschaftsbunds war 1994 die EU-Richtlinie über den Europäischen Betriebsrat. Sie sicherte die Kooperation der Belegschaftsvertretungen eines Konzerns in verschiedenen Ländern und deren Information rechtlich ab.

In den sich politisch und wirtschaftlich wandelnden Staaten Mittel- und Osteuropas mussten demokratische Gewerkschaften erst wieder aufgebaut werden. Das war die Voraussetzung, um dort funktionierende sozialpartnerschaftliche Konfliktlösungsplattformen zu entwickeln. Der ÖGB stand von Anfang an mit Rat und Tat zur Verfügung, um den KollegInnen in der schwierigen Übergangszeit zu helfen. Mit der Vorbereitung des EU-Beitritts der Nachbarn begann eine neue Phase der Kooperation.

Für die erste österreichische EU-Präsidentschaft war der Kampf gegen die Arbeitslosigkeit zentrales Thema (links unten). Im Vordergrund Sozialministerin Lore Hostasch, früher AK-Präsidentin und Vorsitzende der Gewerkschaft der Privatangestellten. Sie war die erste Frau an der Spitze der AK und die zweite Frau an der Spitze des Sozialministeriums.

Das von der EU geförderte ÖGB-Projekt "Gemeinsam erweitern" wollte den österreichischen ArbeitnehmerInnen in den Grenzregionen helfen und den Kontakt zur Gewerkschaftsbewegung der Nachbarländer durch gemeinsame Aktionen verstärken.

Gegenmacht zum Turbokapitalismus

im neuen Jahrtausend: Die Gewerkschaftsbewegung und der Widerstand gegen Sozialabbau

2001 – 2003 ÖGB-Urabstimmung, Demonstrationen und Streiks gegen Sozialabbau

2006 BAWAG-Krise

2007 1000 Euro Mindestlohn bis 2009

2011 Gesetz gegen Lohn- und Sozialdumping

Die ab 2000 amtierende und erst 2007 durch eine Koalition aus SPÖ und ÖVP abgelöste ÖVP-FPÖ-Regierung bekannte sich offen zum neoliberalen Kurs. Die Privatisierung und Einschränkung öffentlicher Leistungen beschleunigten sich, es wurde behauptet, um den Sozialstaat zu retten, müsse man ihn „schlanker" machen. Und auch der Einfluss der Interessenvertretungen der ArbeitnehmerInnen war Angriffsziel. Die Gewerkschaftsbewegung wurde zur überparteilichen Plattform des Widerstands gegen diese „Reformen". Demonstrationen und Streiks, an denen sich über eine Million Menschen beteiligten, bewiesen ihre Mobilisierungskraft. Eine Urabstimmung mit hoher Beteiligung bewies die Zustimmung zur ÖGB-Politik. Die Regierung musste etliche Maßnahmen wieder ganz zurücknehmen und bei den Pensionsverschlechterungen zumindest einbremsen. Ein Sozialabbau wie in der Bundesrepublik Deutschland konnte verhindert werden. Darüber hinaus gelang es sogar, einige Fortschritte für die ArbeitnehmerInnen zu erreichen, vor allem die „Abfertigung neu". Gleichzeitig beteiligte sich der ÖGB aktiv an der erfolgreichen Kampagne des Europäischen Gewerkschaftsbunds gegen die Sozialdumping-Klauseln in der geplanten EU-Dienstleistungsrichtlinie.

Die BAWAG-Krise brachte 2006 den Rücktritt von ÖGB-Präsident Verzetnitsch, den Verkauf der ÖGB-eigenen „Bank für Arbeit und Wirtschaft" und einen Vertrauensverlust. Viele hielten den Einfluss der Gewerkschaft für gebrochen, doch Demokratisierungen im ÖGB, aber auch Sozialpartnerabkommen wie 1000 Euro Mindestlohn zeigten die Kraft der Organisation. ÖGB-Präsident Rudolf Hundstorfer wurde 2008 Sozialminister, sein Nachfolger Erich Foglar übernahm die schwierige Aufgabe, die ArbeitnehmerInneninteressen in der Wirtschaftskrise zu verteidigen. Das gelang etwa mit einer fairen Kurzarbeitsregelung oder dem Gesetz gegen Lohn- und Sozialdumping.

Die Gewerkschaftsmitglieder der niederösterreichischen Landeshauptstadt St. Pölten beim österreichweiten Streik gegen Sozialabbau am 6. Mai 2003.

Plattform:
Keine Zerschlagung
der Sozialversicherung

Demo für Demokratie Juli 2001 (links oben). Trotz Ferien und Hitze protestierten 50.000 Menschen aus ganz Österreich gegen die Zerstörung des sozialen Netzes.

Die Demonstration im Juli 2001 richtete sich gegen das Aushöhlen des Sozialversicherungssystems durch Rücknahme von Leistungen, Selbstbehalte und weniger Einfluss der ArbeitnehmerInnenvertretungen in der Selbstverwaltung der Sozialversicherung. Durch die Streiks und Aktionen des ÖGB konnten zumindest Kompromisse erreicht und extreme Härten verhindert werden. Das Ergebnis: keine generellen Selbstbehalte von 20 Prozent im Gesundheitswesen, keine Besteuerung der Unfallrenten, keine Ambulanzgebühren und weniger Verschlechterungen beim Arbeitslosengeld.

TV-Spots des ÖGB zur Information über die Folgen der geplanten Pensions„reform" (links Mitte). Der ORF lehnte die Ausstrahlung ab, andere Sender brachten sie.

Wien, 13. Mai 2003: die große „Regendemo gegen Pensionsraub". Trotz Unwetters kamen fast 200.000 Menschen zum Heldenplatz in Wien (oben).

Auch bezüglich der Pensions„reform" waren die großen Aktionen des ÖGB nicht umsonst: Einige Härten und Nachteile für zukünftige PensionistInnen wurden abgeschwächt, aber der ÖGB stand vom Verhandlungstisch auf, weil er die noch immer bestehenden Verschlechterungen nicht mittragen konnte. Ende 2004 legte er ein eigenes Konzept für eine sozial verantwortungsbewusste Pensionsreform vor.

Salzburg, 6. Mai 2003 (links unten). An diesem Tag und wieder am 3. Juni organisierte der ÖGB Streiks und Demonstrationen gegen die Pensions„sicherungs"pläne der Regierung, gegen Sozialabbau insgesamt und gegen die Privatisierung öffentlicher Leistungen. Im Juni beteiligten sich über eine Million Menschen.

Die erste Urabstimmung unter allen ÖGB-Mitgliedern brachte nicht nur eine hohe Beteiligung von fast 57 Prozent, sondern auch eine sehr starke Zustimmung zur politischen Linie des ÖGB bei der Verteidigung des Sozialstaats und der ArbeitnehmerInnenrechte. Die Stärkung der Sozialpartnerschaft wurde zum Beispiel mit über 95,3 Prozent befürwortet, die Beibehaltung des österreichischen Sozialversicherungssystems mit 96,4 Prozent. Dass Löhne und Arbeitszeitregelungen nicht durch das Parlament wie in anderen Ländern, sondern durch Kollektivvertrag festgelegt werden, war sogar für 97 Prozent wichtig.

Gewerkschaftlichen Kampfmaßnahmen zur Durchsetzung der Anliegen stimmten 89 Prozent der Mitglieder zu.

Abstimmung in einer BundesbahnWerkstätte (unten). Über 800.000 Gewerkschaftsmitglieder beteiligten sich in Betrieben oder als BriefwählerInnen an der Urabstimmung (rechts oben).

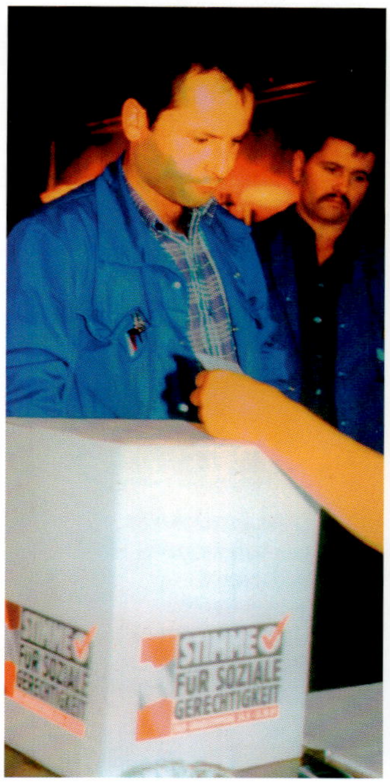

Die Arbeiterkammern waren die wichtigste Stütze der Gewerkschaftsbewegung bei der Verteidigung des Sozialstaats. Ihre ExpertInnen berechneten zum Beispiel die Folgen der Pensions„reform" für die einzelnen ArbeitnehmerInnen, die der ÖGB bei seiner Aufklärungskampagne verwendete. Das entsprach dem gesetzlichen Auftrag der AK, der sie verpflichtet, ausschließlich ArbeitnehmerInneninteressen zu vertreten und mit der Gewerkschaftsbewegung zusammenzuarbeiten. Trotzdem wurde im Parlament eine Gesetzesänderung eingebracht, durch die die AK einen großen Teil ihrer Finanzmittel verloren hätte. Es kam aber nie zur Beschlussfassung, weil der AK-Kurs bei den Wahlen 2004 große Bestätigung erhielt.

Auch das Ergebnis der Arbeiterkammerwahlen 2004 (rechts unten) war ein Protest der ArbeitnehmerInnen gegen die neoliberale Regierungspolitik.

7. Oktober 2003: Aktionstag der „Stopp GATS"-Kampagne. Der ÖGB informierte vor dem Parlament in Wien (rechts).

Bei der „Stopp GATS"-Kampagne arbeitete der ÖGB erstmals mit der neoliberalismus-kritischen Bewegung ATTAC und rund 40 anderen Organisationen zusammen, deren gemeinsames Ziel es ist, den Ausverkauf des Sozialstaats zu bremsen. GATS ist das Abkommen der Welthandelsorganisation über die Liberalisierung des grenzüberschreitenden Handels mit Dienstleistungen von der Bahn bis zur Bildung und deren Privatisierung.

Die Gewerkschaftsjugend bei der Befreiungsfeier 2006 im ehemaligen Konzentrationslager Mauthausen (links).

Der ÖGB gründete mit der römischkatholischen Bischofskonferenz und dem Bundesverband der Israelitischen Kultusgemeinden das Mauthausen-Komitee Österreich. Später beteiligten sich noch viele andere Glaubensgemeinschaften und Gruppen. Seit 2000 ist das MKÖ Nachfolger der Lagergemeinschaft der KZ-Überlebenden. Sein Ziel ist es, die Erfahrungen des nationalsozialistischen Terrors auch noch glaubwürdig zu vermitteln, wenn kein Opfer mehr als ZeitzeugIn sprechen kann."

2004 gab das Mauthausenkomitee ein Buch heraus, in dem Jugendliche ihre Eindrücke bei der Führung durch die Gedenkstätte berichten. Einige der jungen AutorInnen lasen bei der Buchpräsentation im Parlament aus ihren Beiträgen vor.

Inserat der BAWAG P.S.K. von 2006 (rechts oben). Viele KundInnen zogen Geld aus der Bank ab, weil sie durch Berichte über frühere Spekulationsverluste und Forderungen von Gläubigern aus US-Geschäften verunsichert waren. Das gefährdete die Existenz der Bank, der ÖGB musste eine Bundeshaftung annehmen.

Die alten Spekulationsverluste hatte die Gewerkschaftsbank BAWAG P.SK. aufgrund einer Haftung des ÖGB mit seinem Vermögen überstanden. Die Haftung war von Präsident Verzetnitsch und Finanzreferent Weninger ohne Einbindung der ÖGB-Gremien zugesichert worden. Bei seinem Rücktritt übernahm Fritz Verzetnitsch dafür die politische Verantwortung, sein Nachfolger Rudolf Hundstorfer kam von den Gemeindebediensteten. Jetzt ging es darum, den durch die BAWAG-Krise verschuldeten ÖGB wieder zu stärken, vor allem aber das Vertrauen der Mitglieder neu zu gewinnen.

Im Sommer 2006 ging die große Organisationsreform in die Zielgerade (Mitte oben das Symbol für den neuen Aufbruch im ÖGB). Aber im Mittelpunkt stand wie beim „ÖGB alt" die Vertretung der Interessen der ArbeitnehmerInnen.

März 2006, kurz vor Beginn der BAWAG-Krise: ÖGB- Kampagne zur Errichtung von Betriebsräten mit dem Aufruf an die ArbeitnehmerInnen, als Betriebsratsmitglieder zu kandidieren.

Kampf des ÖGB um Ausbildungsplätze im Frühsommer 2006 (rechts unten).

ZUWINS+: Ein Projekt des ÖGB und der tschechisch-mährischen Gewerkschaftsföderation ČMKOS (oben).

Gemeinsame Aktionen des ÖGB und der Gewerkschaften der Nachbarstaaten, die seit 2004 EU-Mitglieder sind, sollen verhindern, dass die ArbeitnehmerInnen gegeneinander ausgespielt werden.

Erfolg der europäische Gewerkschaftsbewegung und ihrer Verbündeten gegen neoliberale Politik: 2006 verhinderte das EU-Parlament mit seinem Beschluss Sozialdumping-Bestimmungen in der „Bolkestein-Richtlinie", der neuen Dienstleistungsrichtlinie der EU.

Der ÖGB bei der Demonstration des Europäischen Gewerkschaftsbunds gegen die EU-Dienstleistungsrichtlinie in Strassbourg 2006 (links). Italienisches Protestplakat (oben).

Anfang November 2006 tagte in Wien die Gründungskonferenz des neuen Internationalen Gewerkschaftsbunds, der den Internationalen Bund Freier Gewerkschaften, den Weltverband der Arbeitnehmer und einzelne kommunistische Gewerkschaften Westeuropas vereinigt. Der ÖGB spielte im Vereinigungsgprozess eine bedeutende Rolle.

Im Vorfeld schlossen sich schon die Berufsinternationalen zusammen, die sich im neuen Jahrtausend die Bezeichnung „Global Unions" gaben (rechts).

Schlussveranstaltung des Wiener IGB-Kongresses (rechts): Anders in der Weltanschauung, gleich beim Kampf für soziale Gerechtigkeit. Zuerst der ÖGB, dann der EGB hatten schon bewiesen, dass die Zusammenarbeit möglich ist.

Logo des Internationalen Gewerkschaftsbunds.

ITUC CSI IGB

Die Präsidenten von ÖGB und Wirtschaftskammer als Feuerwehrkommandanten, die als einzige in der Lage sind, den Brand zu löschen, den die Regierung angefacht hat, und den sozialen Frieden wiederherzustellen. (oben „News" 2003).

Die oft tot gesagte Sozialpartnerschaft erwies sich auch nach 2000 als bester Mechanismus für Krisenmanagement. Sozialpartnerverhandlungen brachten zudem Fortschritte etwa beim ArbeitnehmerInnenschutz oder beim Entgeltschutz für Arbeitslose. In der Krise ab 2008 bewährte sich die Sozialpartnerschaft trotz stärkerer Konflikte wieder, etwa bei der fairen Regelung für Kurzarbeit; unter Gewerkschaftsdruck entstand eine Jugend- und Zeitarbeitsstiftung. Ein europäischer Meilenstein ist das 2011 auf Vorschlag der Sozialpartner beschlossene Gesetz zur Bekämpfung von Lohn- und Sozialdumping. Es stellt erstmals Unterentlohnung unter Strafe, um Lohn- und Sozialabbau durch die Arbeitsmarktöffnung für acht weitere EU-Staaten einzubremsen.

Der aus den Reihen der „Metaller" kommende ÖGB-Präsident Erich Foglar bei der „Lohn-Demo" des ÖGB vor der Wirtschaftskammer im Mai 2009 (rechts Mitte). Die Gewerkschaftsbewegung wehrte sich mit Erfolg gegen unzumutbare Lohnabschlüsse unter Verweis auf die Wirtschaftskrise.

Die Gewerkschaftsbewegung fordert auf der ganzen Welt ein „Krisenmanagement", das soziale Gerechtigkeit in den Mittelpunkt stellt. Ein unverzichtbarer Beitrag dazu ist die Regulierung der Finanzmärkte. Unter dem Motto „FAIR TEILEN" forderte der ÖGB 2010 und 2011 eine Politik, die die gerechte Verteilung des vorhanden Wohlstands zum Ziel hat. 2012 folgte der Schwerpunkt „Sozialstaat fairbessern (rechts unten).

Die Präsidenten von ÖGB und WKÖ beim Sozialen Dialogs in Bad Ischl (oben rechts). Im Rahmen der Sozialpartnerschaft erreichten ÖGB und Arbeiterkammer 2007: Bekämpfung von Sozialbetrug, Mehrarbeitszuschläge für Teilzeitbeschäftigte, 1000 Euro Mindestlohn/-gehalt ab 2009, Ausbildungsgarantie bis 18. ÖGB und WKÖ traten auch gemeinsam dafür ein, dass Lohn, Gehalt und Arbeitszeit Sache der Kollektivvertragsparteien bleiben.

Eine Bewegung in Bewegung

der Österreichische Gewerkschaftsbund 1945 bis 2010:
vom ÖGB der 16 Gewerkschaften
zum ÖGB der 7 Gewerkschaften

1893 am ersten Gewerkschaftskongress ca. 90 Gewerkschaften vertreten

1945 Österreichischer Gewerkschaftsbund mit 16 Gewerkschaften

2009 Österreichischer Gewerkschaftsbund mit 7 Gewerkschaften

Als der Österreichische Gewerkschaftsbund 1945 als gemeinsame Organisation aller Gewerkschaften – und noch dazu überparteilich – geschaffen wurde, war das weltweit einmalig und keineswegs selbstverständlich. Damals lag ein fast 60-jähriger Weg an Organisationserfahrung und Organisationsreformen hinter der österreichischen Gewerkschaftsbewegung. Er begann mit den etwa 90 Fachvereinen, die 1893 am ersten Reichskongress der Freien Gewerkschaften vertreten waren. Zunächst musste einmal geklärt werden, ob nur Facharbeiter oder auch Frauen und HilfsarbeiterInnen Mitglied sein durften. Organisationen mit stolzer Handwerkstradition sträubten sich lange dagegen. Dann musste ein Weg gefunden werden, um die jugendlichen Mitglieder einzubinden, die sich ihren eigenen Verein geschaffen hatten. Vor allem musste sich die Gewerkschaftsbewegung aber auch entscheiden, ob sie sich nach Berufen oder nach Branchen (den „Industriegruppen“) organisieren sollte, nur auf lokaler Ebene oder gesamtstaatlich. Theoretisch stand bereits vor 1900 außer Frage: Die nach Branchen organisierte Zentralorganisation bietet bessere Chancen, ArbeitnehmerInneninteressen durchzusetzen. In der Praxis aber gab es weiter eine bunte Mischung aus traditionellen Fachvereinen, überregionalen Industriegruppenorganisationen und Mischformen aus beiden. Die christlichen Gewerkschaften blieben im Regelfall überhaupt bei den Fachvereinen. Leichter zu erreichen war der überregionale Zusammenschluss vor allem, als Österreich ab 1918 ein überschaubarer Kleinstaat wurde.

Der einheitliche ÖGB stärkt die Gewerkschaft seit 1945 (oben). Sein Sitz in Wien (unten v. links): bis 1948 Ebendorferstraße 7, bis 2006 Hohenstaufengasse/ Wipplingerstraße und ab 2010 Johann-Böhm-Platz 1. 2006 bis 2009 Laurenzerberg 1.

Organisationsreformen sind unverzichtbar, weil die Art der Organisation eine wichtige Rolle für die Durchsetzungsfähigkeit der Gewerkschaftsbewegung spielt. Sie waren trotzdem von Anfang an für alle Beteiligten ein schwieriger Lernprozess, der aber bisher immer im Geist der Solidarität bewältigt werden konnte. So wurden aus den 16 Gründungsgewerkschaften des ÖGB im Verlauf von 64 Jahren sieben.

Gründungskongress des Bundes Freier Gewerkschaften 1928 (links). Büste Anton Huebers, des ersten Vorsitzenden des „Bundes" im Wiener Gemeindebau „Hueber-Hof", enthüllt 1953.

Haus der christlichen Gewerkschaften in Wien 8, Laudongasse 16. Im Hof befindet sich ein Gedenkstein für die Gewerkschaftspioniere Leopold Kunschak, Franz Spalovsky, Johann Staud.

Der Bund der Freien Gewerkschaften ersetzte die Gewerkschaftskommission, deren Leiter Anton Hueber 34 Jahre gewesen war. Sie hatte damals 194 angeschlossene Organisationen, der „Bund" umfasste kurz vor seiner Auflösung durch die Ständestaat-Diktatur 45 Vereine, alle Richtungsgewerkschaften zusammen über 100 (gegenüber 1.707 im Jahr 1900). Anton Hueber warnte davor, weitere Zusammenschlüsse zu erzwingen: Organisationsreform sei wesentlich Bildungsarbeit. Wenn die Mitglieder ihre Notwendigkeit nachvollziehen könnten, wäre auch die Bereitschaft gegeben.

Die Zahl der Gewerkschaftsmitglieder wuchs durch die Erfolge bei Kollektivverträgen und in der Sozialpolitik bis 1921 sprunghaft. Waren um 1900 in allen Reichsratsländern der Monarchie zusammen rund 148.000 Gewerkschaftsmitglieder registriert, so waren es 1921 – alle Richtungsgewerkschaften zusammen – fast 1,2 Millionen. In der Weltwirtschaftskrise ab 1929 halbiert sich die Mitgliedszahl, war aber noch immer höher als zu Kaisers Zeiten.

Die drei ÖGB-Gründer (von links nach rechts): Lois Weinberger (christliche Gewerkschaften), Johann Böhm (ehem. Freie Gewerkschaften), Gottlieb Fiala (Kommunisten).

Der Plan von 1945, den neuen ÖGB in 16 Gewerkschaften zu gliedern, war nicht einfach umzusetzen. Denn für die Organisation von drei der vier Gewerkschaften des öffentlichen Dienstes mussten andere Gruppen große Bereiche abgeben: Die Bundes- und Landesbediensteten, die Gemeinde- und die Postbediensteten waren bis 1934 zum Teil bei anderen Gewerkschaften organisiert gewesen.

Der ÖGB war 1945 eine Weltneuheit: Gewerkschaften, die keine eigenen Vereine sind, sondern Teile eines einzigen Vereins. Und eine Organisation, in der GewerkschafterInnen unterschiedlicher Weltanschauung im Interesse der ArbeitnehmerInnen gemeinsam tätig sind. Beides trug entscheidend dazu bei, dass die einzelnen Gewerkschaften nicht mehr wie in der Ersten Republik gegeneinander ausgespielt werden konnten. 1984 erreichte die österreichische Gewerkschaftsbewegung mit über 1,7 Millionen organisierten KollegInnen den höchsten Mitgliederstand ihrer Geschichte.

Fahnenschmuck am Wiener Konzerthaus für den ersten ÖGB-Bundeskongress 1948 (Hintergrund). An diesem Ort fanden auch alle weiteren Bundeskongresse bis 1983 statt. Ab 1987 (11. Kongress) tagten die Gewerkschaftskongresse mit einer Ausnahme im Konferenzzentrum der Wiener UNO-City (rechts). 2009 war das Wiener Messezentrum Kongressort.

Umbrüche am Arbeitsmarkt und Wirtschaftskrise führten vor allem nach 2000 zu stärkerem Mitgliederrückgang. Der Austritt enttäuschter Mitglieder wie nach der BAWAG-Krise 2006 wiederholte sich dagegen später kaum. Verhandlungserfolge für die ArbeitnehmerInnen schufen neues Vertrauen.

Schlussbild vom ÖGB-Bundeskongress 2013. Es ist gute Gewerkschaftstradition, dass die MitarbeiterInnen der Kongressorganisation zu einem Dankeschön auf die Bühne gebeten werden.

Schulungsseminar der ÖGB-Frauen 1949 (unten). ÖGB-Broschüre „Ich Tarzan – Du Jane?" zur geschlechtergerechten Mendiengestaltung 2010 (rechts). Nicht nur die Kleidung, auch das Selbstbewusstsein der Frauen änderte sich. Aber der ungleiche Lohn blieb. Diese Gleichberechtigung konnte im neuen Jahrtausend erst in wenigen Kollektivverträgen durchgesetzt werden.

Die Jugend- und die Frauenabteilung des ÖGB haben Vorbilder in der Ersten Republik, die PensionistInnen bauten ihre Organisation in der Zweiten Republik auf. Seit dem ÖGB-Bundeskongress 2007 sind Gewerkschaftsjugend und PensionistInnen mit vollem Stimmrecht im ÖGB-Vorstand vertreten. Der/die PräsidentIn oder eine/r der beiden VizepräsidentInnen muss eine Frau sein.

Erstes Zusammentreffen zwischen ÖGB-Präsident Böhm und den Vertretern der Gewerkschaftsjugend 1946.

Seit 1991 ist es ausdrückliches Ziel des ÖGB, auch SchülerInnen und Studierende, von denen viele schon berufstätig sind, zu organisieren.

Jugend- und PensionistInnenorganisation ziehen in vielen Fragen an einem Strang. Sie kämpfen dagegen, dass die Generationen bei der Diskussion um eine Pensionsreform gegeneinander ausgespielt werden.

Protestaktion der ÖGB-PensionistInnen vor dem Parlament im Februar 2004.

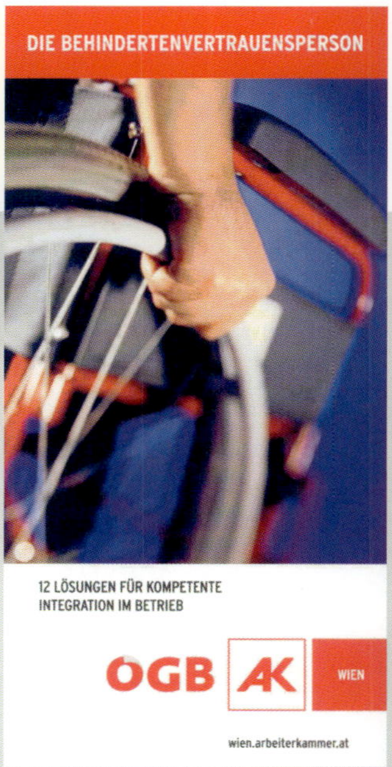

Werbung für das „Abenteuer Verantwortung" (Slogan der ÖGB-Betriebsratskampagne 2006) in den 1950er Jahren und 1996 (oben links und Mitte).

Bei der Einführung von Behindertenvertrauenspersonen und Sicherheitsvertrauenspersonen im Betrieb spielte die Gewerkschaftsbewegung eine entscheidende Rolle. Anders als der Betriebsrat müssen diese Interessenvertretungen verpflichtend eingerichtet werden (oben rechts).

Als Gemeindeangestellte werden die MitarbeiterInnen der Berufsfeuerwehren ebenso wie die Beschäftigten im Landes- und Bundesdienst statt durch Betriebsräte durch Personalvertretungen mit eigener gesetzlicher Grundlage vertreten.

Seit der Beschlussfassung der Gesetzesgrundlagen für Betriebsratskörperschaften und der Personalvertretungen von Bund, Ländern, Gemeinden, Bahn und Post stand die Gewerkschaftsbewegung vor der Aufgabe, die gesetzlich verankerte betriebliche Interessenvertretung auszubauen und abzusichern. In der Privatwirtschaft erschwerten Umstrukturierungen, Auslagerungen, das Zusammenschmelzen der Kernbelegschaften und die Zunahme von Kleinstbetrieben immer häufiger die Errichtung eines Betriebsrats. Im Bereich des öffentlichen Dienstes, vor allem bei Bahn und Post, mussten durch Ausgliederungen und Privatisierungen Personalvertretungen de facto in Betriebsratskörperschaften umgewandelt werden. Durch zähe Verhandlungen, Information und praktische Hilfestellung gelang es den Gewerkschaften in den meisten Fällen, das Weiterbestehen der Interessenvertretung zu sichern. Obwohl die Zahl der BetriebsrätInnen mit Gewerkschaftsmitgliedschaft zurückging, hielt der ÖGB an seinem Prinzip der Vernetzung zwischen Betriebsrat/Personalvertretung und der Gewerkschaftsorganisation fest. Die neu geschaffenen Funktionen der Behindertenvertrauenspersonen und der Sicherheitsvertrauenspersonen wurden als zusätzliche PartnerInnen in den Aktionsradius einbezogen.

4. Gesamtösterreichisches Gewerkschaftstreffen 1956 (links). Ein Gemeinschaftserlebnis, das über Länder- und Gewerkschaftsgrenzen hinweg zusammenschweißte. Demonstration der MitarbeiterInnen des Wiener Radbotendienstes „veloce" 2004 (unten). Ein körperlich anstregender Job, den junge Menschen nur zeitweise annehmen und der gemeinsame Aktionen nur schwer zulässt.

Plakat mit dem Motto des ÖGB-Bundeskongresses 2013. Mission bedeutet, einzelne Menschen oder mehrere Menschen werden ausgesendet, um einen Auftrag zu erfüllen. Die Gewerkschaftsbewegung hat den Auftrag, sich für eine gerechte Gesellschaft einzusetzen, - ein Auftrag, der nie zu Ende ist und immer neu herausfordert.

Traditionelle Organisationsformen sind oft nicht mehr geeignet, um ArbeitnehmerInnen Mut zu machen, sich zu organisieren, um ihre Interessen zu vertreten. Deshalb gibt es im ÖGB Kompetenzzentren, Themen- und Funktionsforen, die den Zugang zur Gewerkschaftsbewegung öffnen. Ihre VertreterInnen haben seit 2007 im Bundesvorstand Stimmrecht.

Das Zusammenwachsen der ÖGB-Gewerkschaften bis 2009

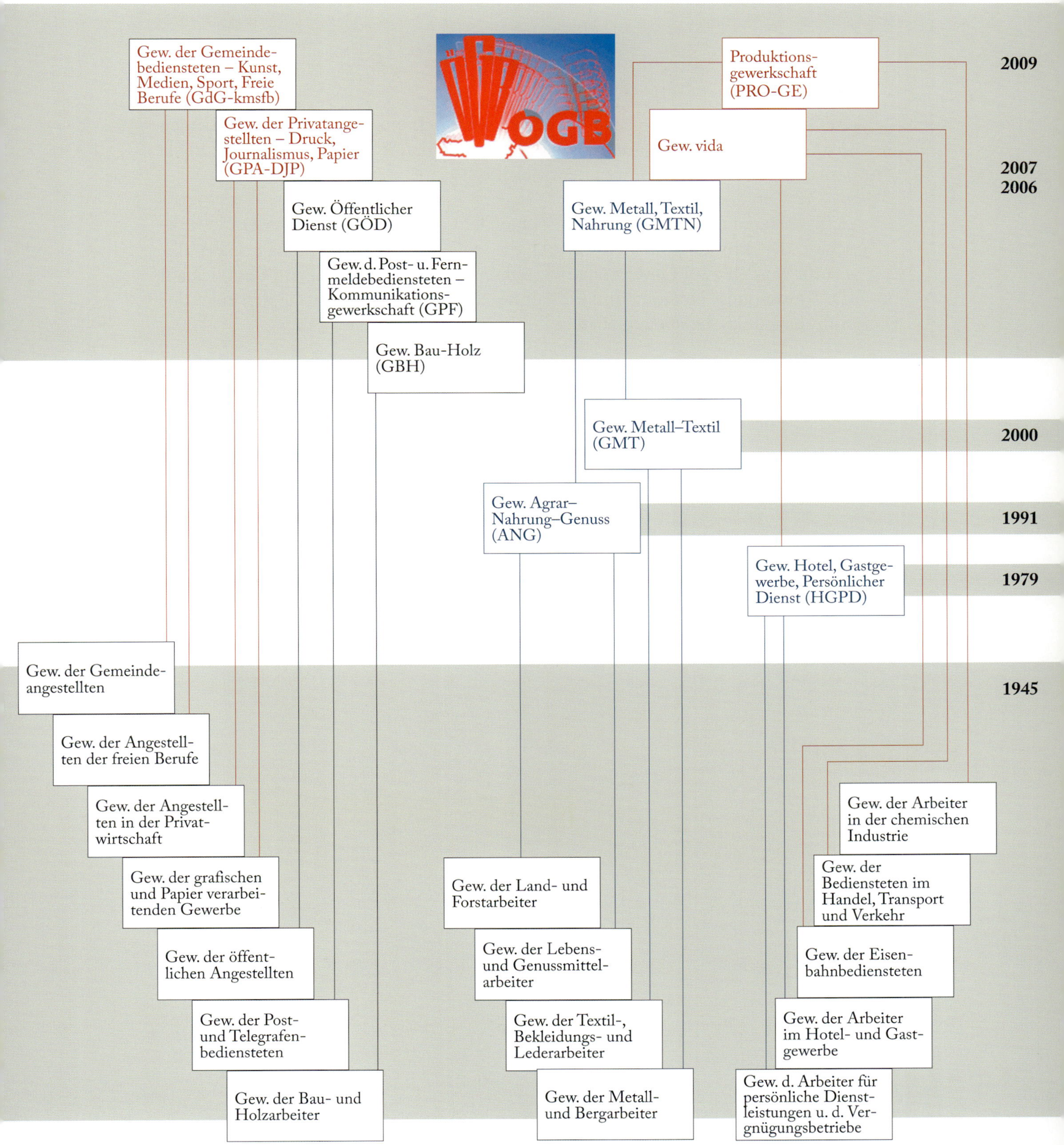

2003 schloss sich der Großteil der gewerkschaftlich organisierten JournalistInnen der Gewerkschaft Druck und Papier an, die sich damit zur Gewerkschaft Druck, Journalismus, Papier (djp) weiterentwickelte.

2007 entstand aus dem Zusammenschluss der Gewerkschaft djp mit der Gewerkschaft der Privatangestellten (GPA) die neue große Gewerkschaft GPA-djp. Damit wurden zwei Gewerkschaften miteinander verbunden, die im Hinblick auf die Anwendung, Nutzung und Gestaltung der Kommunikationsmedien enge Berührungspunkte haben und auch in ihrer Geschichte hatten.

Beide Gewerkschaften und ihre VertreterInnen leisteten über den Rahmen ihres eigenen Organisationsbereichs hinaus wichtige Beiträge zum sozialen Fortschritt und zu einer wirkungsvollen Interessenvertretung der ArbeitnehmerInnen.

Auf den folgenden Seiten sollen in Wort und Bild ein paar Höhepunkte aus dieser Geschichte lebendig werden.

Wir wollen bauen eine bessere Welt,
die anders ist als die, die euch gefällt!
Wo nicht mehr Brot und Frucht
   im Überfluss verderben
und bei gefüllten Speichern
   Menschen Hungers sterben;
wo länger nicht am Hebel der Maschinen
als Sklaven des Profits die Menschen dienen.
Erst wenn wir schaffen um der Menschheit willen,
dann werden wir der Menschen Hunger stillen.

Wir werden bauen diese neue Welt!
Und sie wird sein, auch wenn's euch nicht gefällt!

Friedrich Hillegeist,
Gründungsvorsitzender der GPA,
Schriftsteller und Lyriker

Friedrich Hillegeist gab dem Gedicht den Titel
„Was wir wollen – Von einem unverbesserlichen Idealisten an seine eigennützigen Gegner".

Die Gewerkschaft als Hoffnung

mehr als 150 Jahre:
solidarischer Zusammenhalt bei Druck-Journalismus-Papier

1842 erster Buchdruckerverein

1859 Concorda-Rechtshilfe für Journalisten

1896 erster graphischer KV

1990 36 Stunden im graphischen Gewerbe

2008 Presserat gerettet

Bei den Buchdruckern begann die moderne Gewerkschaftsbewegung und sie setzten als erste einen österreichweiten Kollektivvertrag durch. BuchbinderInnen und PapierarbeiterInnen konnten sich erst später organisieren, aber sie gehörten zu den ersten, die Frauen in die Gewerkschaftsarbeit einbezogen. Der Schriftsetzer Karl Höger war einer der häufigsten Redner bei der Gründung von Fachvereinen. Einige der organisierten Setzer engagierten sich als Redakteure der jungen Arbeiterbewegung, – wie Emil Kralik, der „Habakuk" der Arbeiterzeitung. AZ-Redakteure halfen ebenfalls bei Gewerkschaftsgründungen, etwa Hugo Schulz bei den kaufmännischen Angestellten.

Aus der früheren Organisation der RedakteurInnen kam der erste Vorsitzende der JournalistInnen im ÖGB, Vincenz Ludwig Ostry, erster Chefredakteur der Austria Presse Agentur (APA) und Rundfunkdirektor. Von Ostry über Medienstar Günther Nenning bis zum Wirtschaftsjournalisten Franz C. Bauer trugen die Vorsitzenden der Gewerkschaftssektion viel zum Profil der österreichischen Medienlandschaft bei. Führend war die JournalistInnenorganisation bei der Einrichtung und Verteidigung des österreichischen Presserats als Instrument der freiwilligen Selbstkontrolle. Auch in den elektronischen Medien setzten sich GewerkschafterInnen von Anfang an für Pressefreiheit mit Verantwortung ein.

Vertreter der Gewerkschaft für den Druck- und Papierbereich, der sich die JournalistInnen 2003 anschlossen, waren 1945 unter den ÖGB-Gründern der ersten Stunde, allen voran Adolf Weigelt und der zweite Vorsitzende Max Löw. Ihm folgten Eduard Wondraček, Arnold Steiner vom graphischen Bildungsverband, Herbert Bruna und Franz Bittner. Die beiden letzten Vorsitzenden vertraten die Gewerkschaft in der schwierigen Zeit der elektronischen Revolution und engagierten sich für die Verteidigung der österreichischen Sozialversicherung.

Gutenbergbüste: Geschenk der Ungarn an die österreichischen Schriftgießerkollegen zum Gewerkschaftsjubiläum 1908 (links). Kollegen von Strohal Druck beim Streik gegen Sozialabbau im Juni 2003 (rechts).

Die Erfindung des Buchdrucks mit beweglichen Lettern durch Johann Gutenberg 1445 öffnete den Weg in das moderne Kommunikationszeitalter. Bis 1500 entstanden in allen wichtigen Zentren Europas Druckereien (oben links Drucker, daneben Setzer, rechts oben PapierbearbeiterInnen). Dadurch konnten neue Ideen rascher verbreitet werden. In der Papierbearbeitung waren wie in der Buchbinderei (rechts oben) von Anfang an auch Frauen beschäftigt, die Fachausbildung blieb ihnen aber bis ins 20. Jahrhundert fast durchwegs verschlossen.

Die Buchdruckergehilfen erreichten schon früh in ihrer Zunftordnung eine den modernen Gewerkschaften ähnliche Interessenvertretung. Sie unterstanden nicht der Regierung, sondern den Universitäten, die ein eigenes freieres Recht hatten. 1776 wurde der Buchdruck zu einem freien Gewerbe erklärt und die Gesellen verloren die meisten Rechte.

„Zeitung" hieß ursprünglich nur „Nachricht, die jemandem übermittelt werden soll". Der Name wurde dann für einzelne gedruckte politische Informationen verwendet wie 1593 die Kriegserklärung des türkischen Sultans an den Kaiser (rechts). Die „Wiener Zeitung" als regelmäßig erscheinendes Nachrichtenblatt gab es seit 1703.

Zeitung / Von deß Türckischen Keysers abgesandten Feindsbrieff / so er mit den Legaten / dem Römischen Teutschen / jetzt Regierenden Keyser Rudolpho dem andern / Dises Namens / unserm aller gnedigisten Herrn / im dem jetzt 93. Jahr / überschickt hat.

Die Traditionen der Buchdrucker sind ein Symbol für ihren Zusammenhalt – wie die „Wassertaufe" beim „Gautschen", der Zeremonie nach der Gesellenprüfung (links).

Oft waren Buchdrucker auch Journalisten und Verleger. Sie spielten bei der Durchsetzung der Demokratie eine große Rolle, – etwa Benjamin Franklin, 1787 einer der Autoren der US-Verfassung (rechts, links im Bild), Anhänger der Französischen Revolution und Erfinder des Blitzableiters.

Kaiser Joseph II. lockerte kurz vor der französischen Revolution die Zensur im Habsburgerreich, seine Nachfolger verschärften sie wieder. Die Diktatur des „Vormärz" duldete nur gleichgeschalteten Journalismus, der „Schriftsteller" war der Gnade des Zensors ausgeliefert, wie es die revolutionären Karikaturisten 1848 anprangerten (links außen). Das Regime fürchtete eine größere Verbreitung von Kritik an den politischen und sozialen Zuständen, was mittlerweile möglich war: Seit 1812 sorgte die Schnellpresse und seit 1945 die Rotationsmaschine für die raschere Produktion von größeren Auflagen. Die industrielle Revolution in den Druckereien führte zur Beschäftigung von männlichen und weiblichen Hilfskräften. Das brachte auch für die gelernten Drucker und Setzer Lohndumping und schlechtere Arbeitsbedingungen. Aber es wurde ihnen 1842 wenigstens ein Unterstützungsverein für erkrankte Kollegen gestattet (links), während Vereine der Fabrikarbeiter gegen Verbote kämpfen mussten.

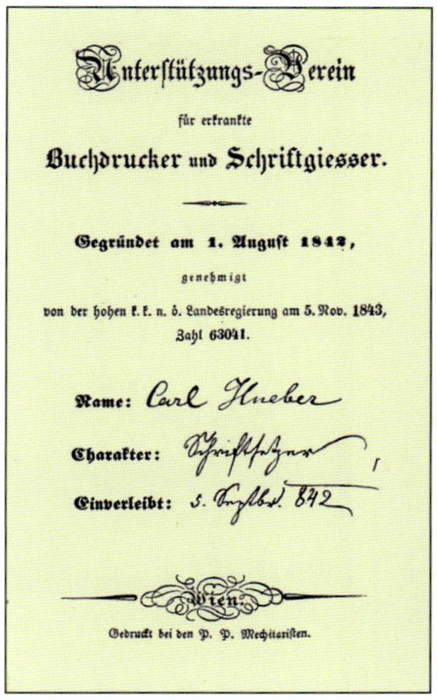
Unterstützungs-Verein

für erkrankte

Buchdrucker und Schriftgiesser.

Gegründet am 1. August 1842,

genehmigt

von der hohen k. k. n. ö. Landesregierung am 5. Nov. 1843, Zahl 63041.

Name: Carl Hueber

Charakter: Schriftsetzer

Einverleibt: 5. Aug. 842

Wien.

Gedruckt bei den P. P. Mechitaristen.

Im Revolutionsjahr 1848 kam es zum ersten Journalistenstreik Österreichs; es ging um die freie Berichterstattung über das neue Parlament. Die Buchdrucker und Schriftgießer erkämpften neben ihrem überregionalen Lohntarif auch den 10-Stunden-Tag und arbeitsfreie Sonn- und Feiertage. Ihre Sprecher Karl Scherzer und Ferdinand Dorstenstein wurden nach dem Sieg der Diktatur als Revolutionäre verurteilt. Der Patriziersohn Scherzer machte trotzdem Karriere, Dorstenstein starb dagegen arm im Exil.

1848 beseitigte die Revolution die Zensur, unzählige Zeitungen und Flugblätter wurden verbreitet. Eine häufige Demonstrationsform hieß „Katzenmusik", ein misstönendes „Ständchen", das die kritisierte Person lächerlich machte (links). Mit einer „Katzenmusik" erreichten die Buchdrucker den Rücktritt des Wiener Gremialvorstehers und die Zustimmung zu ihren Forderungen.

Karl Scherzer (links außen) war 1857 bis 1859 wissenschaftlicher Leiter der „Novara"-Expedition der österreichisch-ungarischen Kriegsmarine, der letzten Weltumseglung. Er veröffentlichte darüber einen Bericht, dessen Titelbild das Expeditionsschiff in voller Fahrt zeigt (links).

Die Gewerkschaft als Hoffnung

Nach dem Sieg der Kaiser-Diktatur herrschte wieder Zensur. Sie wurde mit der Verfassung von 1867 zwar gelockert, aber bis 1918 nie ganz beseitigt. Es kam immer wieder zu Prozessen wegen kritischer Berichterstattung (links ein Presse-Prozess 1869). Der 1859 gegründete Unterstützungsverein für Journalisten „Concordia" organisierte deshalb auch einen Rechtsschutz für betroffene Kollegen.

1849 bis 1867 wurden für ArbeitnehmerInnen nur Unterstützungsvereine geduldet. 1851 gründeten die Lithographen und Steindrucker einen solchen Verein, 1859 folgte die Concordia, die 1872 auch einen Pensionsfonds erhielt (oben links). Der Unterstützungsverein der Buchdrucker konnte unter Schwierigkeiten erhalten werden, die Buchbinder schufen 1870 die erste Krankenversicherung. Das war die Basis für das gewerkschaftliche Unterstützungswesen, das bis zum Ausbau des Sozialstaats nach 1945 mit Leistungen für Kranke, Alte, Invalide, Witwen und Waisen, aber auch Wandergesellen und Arbeitslose das mangelhafte soziale Netz ersetzte.

Mit der Teilnahme an Mai-Demonstrationen (oben 1893 in Wien) riskierte man den Verlust des Jobs, bis der freie 1. Mai in Kollektivverträgen durchgesetzt wurde. 1891 streikten die Wiener Buchdrucker mit Erfolg für die Wiedereinstellung der „Gemaßregelten".

Die Mechanisierung der Medienproduktion erreichte im 19. Jahrhundert mit der Einführung der Setzmaschine ihren Höhepunkt. Das veränderte die Arbeitsbedingungen im gesamten Druck-Journalismus-Papier-Bereich. Die Gewerkschaften erkämpften fairere Regelungen von Lohn und Arbeitsorganisation, die dieser Entwicklung Rechnung trugen.

Der Gewerkschaftspionier Karl Höger (oben) gründete den Wiener Arbeiterchor „Freie Typographia"(darunter aus einem Notenblatt des Chors). In Graz hatten die Druckereiarbeiter den Gesangverein „Vorwärts" (links außen die Mitglieder 1901), in Linz ab 1900 den Sängerbund „Gutenberg". Er bildete mit dem Chor der Eisenbahner und zwei weiteren Arbeiterchören die „Linzer Singgemeinschaft", die sich nach 1945 wieder zusammenfand (links das Cover einer 1982 aufgenommenen Schallplatte der Singgemeinschaft).

Ab 1896 galt für Druckereiarbeiter in der ganzen Monarchie erstmals ein gemeinsamer Kollektivvertrag. 1913 wurde nach einem Arbeitskampf die 51 ½-Stunden-Woche erreicht (links die Berichte für Wien/Niederösterreich und Salzburg). Die BuchbinderInnen hatten 1911 ihren ersten Gesamt-KV .

Therese Schlesinger (Mitte links) kam über die bürgerliche Frauenbewegung (Mitte rechts eine Zeitschrift von 1905) zur Arbeiterbewegung. Sie half Wilhelmine Krasa bei der Organisation der Buchbinderinnen. 1906 konnte in den Druckereien der erste KV-Schutz für HilfsarbeiterInnen außerhalb der Fabriken erkämpft werden.

Im Jahrzehnt vor dem Ersten Weltkrieg konnten für den Bereich Druck – Journalismus – Papier bedeutende gewerkschaftliche Erfolge erreicht werden, darunter zum Teil schon der Achtstundentag, bezahlter Arbeiterurlaub oder Sonderbestimmungen für JournalistInnen im neuen Handlungsgehilfengesetz. Im Ersten Weltkrieg kämpften die Organisationen der JournalistInnen gegen die scharfe Zensur und erreichten nach 1917 auch deren Lockerung. Die Druckerei- und BuchbindereiarbeiterInnen setzten trotz Kriegsdiktatur Teuerungszulagen und eine kürzere Samstagarbeit durch.

Selbst manche fortschrittliche Autoren sahen Krieg als Chance für „neuen Wind" in der Politik (rechts unten die Zeitschrift „Der Ruf" von 1912), bis sie ab 1914 seine Brutalität erlebten. Im Ersten Weltkrieg war das „Kriegspressequartier" (unten links einige Mitarbeiter) Österreichs Propagandazentrum. Hier musste auch Egon Erwin Kisch Dienst leisten. Kisch war Schöpfer der modernen Reportage und in der Revolution von 1918 einer der Anführer der „Roten Garden".

Viele Frontheimkehrer kämpften nach 1918 freiwillig um die Grenzen der neuen Republik, – wie der junge Schriftsetzer Franz Jonas (oben links). Der spätere Bundespräsident war in den 1920er Jahren gewerkschaftlicher Vertrauensmann. Anton Proksch, ein anderer junger Schriftsetzer, koordinierte in der Ersten Republik die freigewerkschaftliche Jugend. Ein Mosaik in der Wiener Wohnhausanlage Anton-Proksch-Hof erinnert an den Einsatz des späteren ÖGB-Generalsekretärs und Sozialministers für die Jugend (oben Mitte). In Graz setzten die Druckerlehrlinge 1918 mit einem Streik den Berufsschulbesuch während der Arbeitszeit durch (oben rechts die organisierten Grazer Lehrlinge 1923).

In der Ersten Republik erreichten die ArbeiterInnen in Druckereien, Zeitungsverlagen und Papierverarbeitung bei KV-Verhandlungen vieles, das bisher unmöglich schien – wenn oft auch erst nach Streiks: Schichtarbeitszuschläge in den Buchdruckereien, die 45-Stunden-Woche für ZeitungsarbeiterInnen, eine Akkordregelung für die BuchbinderInnen oder für PapierarbeiterInnen überhaupt erstmals ein Kollektivvertrag.

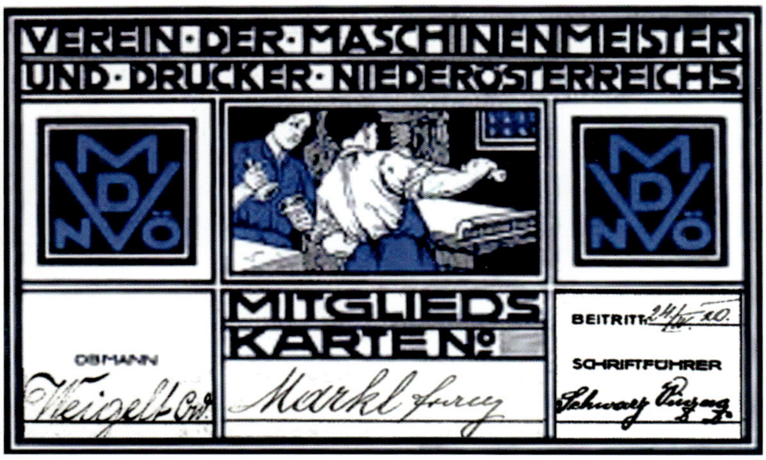

In den Anfangsjahren der Republik gab es wieder gemeinsame KV-Verhandlungen, aber weiter getrennte Vereine der DruckereiarbeiterInnen (oben links eine Mitgliedskarte des niederösterreichischen Vereins 1920). 1923 entstand der gemeinsame freigewerkschaftliche „Reichsverein" der Gehilfen und HilfsarbeiterInnen (unten). Sein Sitz war das Gewerkschaftshaus in der Wiener Seidengasse mit dem Buchdruckerwappen (unten rechts).

1923 bildeten die Organisationen für den Bereich Druck und Papier im Rahmen der Reichskommission der Freien Gewerkschaften das „Graphische Zentralkartell", um sich bei Lohnverhandlungen nicht gegeneinander ausspielen zu lassen. Der „Graphische Zentralverband" der christlichen Gewerkschaften wurde 1927 gegründet.

VERHANDLUNGS-SCHRIFT

ÜBER DIE ERSTE GENERALVERSAMMLUNG DES REICHSVEREINES DER ÖSTERREICHISCHEN BUCHDRUCKEREI- UND ZEITUNGSARBEITER

ABGEHALTEN VOM 25. BIS 28. APRIL IM SAALE DES ALTEN RATHAUSES, WIEN I – DAS STENOGRAPHISCHE PROTOKOLL WURDE AUFGENOMMEN VOM ERSTEN ARBEITER-STENOGRAPHEN-VEREIN „PHONOGRAPHIA"

Ein engagierter Gewerkschafter der Ersten Republik war Theodor Meidl, Drucker im sozialdemokratischen Vorwärts-Verlag, in der Zweiten Republik sein Direktor, Arbeiterdichter und Obmann des Typographia-Chors (rechts).

1926 feierten die DruckereiarbeiterInnen im Arbeiterheim in Wien-Ottakring (rechts außen) ihr großes Gewerkschaftsjubiläum.

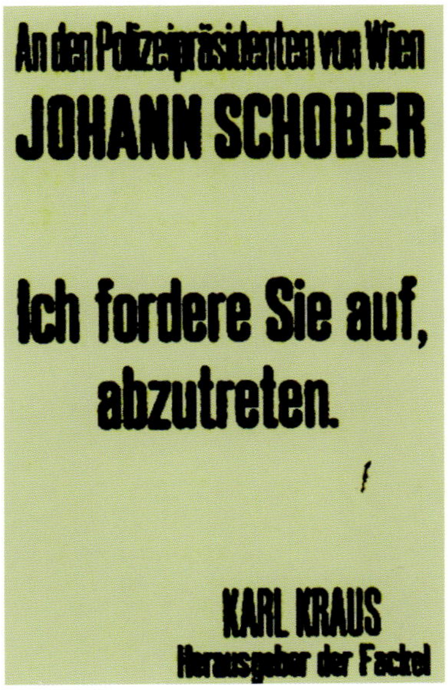

Die JournalistInnen der sozialdemokratischen Medien und der Gewerkschaftsblätter hatten ab 1906 auch eine Gewerkschaft, die KV-Verhandlungen führen konnte, den „Verein der Zeitungsbeamten". Die „Concordia" akzeptierte Frauen dagegen erst ab 1918 als Mitglieder.

Die Kulturjournalistin Lizzie Lobstein (rechts Mitte) arbeitete für das „Kleine Blatt", das „Kleine Frauen-Blatt" und das „Kleine Kino- und Radioblatt" des Vorwärts-Verlags. Sie emigrierte 1936 nach Argentinien.

1917 wurde die Diktatur gelockert und das Parlament wieder einberufen. Damals entstand die freie JournalistInnenvereinigung der ParlamentsberichterstatterInnen. Nach dem Ende der Zensur 1918 konnten sie bis 1934 und wieder ab 1945 ungehindert über Nationalrat und Bundesrat informieren.

Die Presse spielte in den Auseinandersetzungen zwischen dem rechten Regierungslager und der sozialdemokratischen Opposition eine entscheidende Rolle. Symbolisch stehen dafür die Namen der beiden Chefredakteure Friedrich Funder von der christlichsozialen „Reichspost" und Friedrich Austerlitz von der „Arbeiterzeitung", einer der Gründer der Angestelltengewerkschaft (unten rechts sein Begräbnis 1931). Besonders heftig wurden die Auseinandersetzungen nach Massaker während des Justizpalastbrands 1927. Der unabhängige Journalist Karl Kraus ließ auf eigene Kosten Plakate anbringen, um den Polizeipräsidenten zum Rücktritt aufzufordern, weil er das Massaker an DemonstrantInnen nicht verhindert hatte (links Mitte).

Die „Concordia" blieb als parteiunabhängige Standesorganisation der Journalistinnen auch nach 1918 unverzichtbar. Für freie JournalistIinnen und die MitarbeiterInnen liberaler und konservativer Medien war sie weiter die einzige Interessenvertretung.

Herausgeber das Zentralorgans der christlichen Gewerkschaften war Franz Spalowsky (links). Die Freien Gewerkschaften gaben zusammen mit der AK in Wien ab 1923 die Zeitschrift „Arbeit und Wirtschaft" heraus.

Die Gewerkschaft als Hoffnung

Die Diktatur liquidierte 1934 die sozialdemokratischen Medien (links außen Polizei bei der „Arbeiterzeitung") und Druckereien. Trotzdem arbeiteten Mitglieder der verbotenen Druck- und Papier-Gewerkschaften in der neuen Staatsgewerkschaft mit (links deren erster Bericht), so lange dies möglich war. Damit wurden die Unterstützungsleistungen noch einige Zeit gesichert.
Oppositionelle JournalistInnen konnten ab 1934 Kritik nur mehr im Ausland veröffentlichen. Sie informierten dort – wie Otto Leichter unter dem Decknamen Georg Wieser (Mitte rechts) – über die Situation in Österreich. 1933 brachte Hans Flesch von Bruningen in Wien noch ungehindert seine Geschichten über „Vertriebene" heraus (Mitte rechts außen), während in Berlin schon Hitler regierte. Im Londoner Exil stellte sich der Autor – wie viele emigrierte JournalistInnen – für die antifaschistische Propaganda zur Verfügung.

Otto Leichter (links mit Familie) koordinierte bis 1938 die illegale Medienarbeit der Freien Gewerkschaften. Die GPA benannte ein Haus ihrer Wohnbauvereinigung nach seiner als KZ-Häftling ermordeten Frau, der Arbeiterkammer-Expertin Käthe Leichter. Otto Leichter war nach 1945 kurz AK-Pressechef, dann führender UN-Journalist.

Parallel zum Versuch, legale Unterstützungen zu sichern, organisierten die von der austrofaschistischen Diktatur verbotenen Druck- und Papiergewerkschaften im Untergrund finanzielle Hilfe für die 568 entlassenen KollegInnen aus den 1934 liquidierten sozialdemokratischen Druckereien. Der illegal verbreitete „Vorwärts" informierte wie die gesamte illegale Gewerkschaftspresse über offiziell verschwiegene Probleme. Ab 1938 galten solche Aktivitäten endgültig als „Hochverrat". Das NS-Regime verbot nicht nur jede Gewerkschaft, sondern auch die journalistische Standesvertretung Concordia. JournalistInnen hießen jetzt „Schriftleiter". Wer sich weigerte, der NS-Propaganda zu dienen, geriet in Lebensgefahr.

Das NS-Regime sicherte sich 1938 sofort die Kontrolle über die österreichischen Medien (links außen die SS-Wache vor der Druckerei und Redaktion der „Salzburger Chronik"). Die Bücherverbrennung in Salzburg am 30. April 1938 (links) rief zur Vernichtung von „klerikalen", „marxistischen" und „jüdischen" Werken und ihrer AutorInnen auf.

Vom nationalsozialistischen Regime ermordete ArbeiterInnen aus dem Organisationsbereich Druck, Journalismus, Papier.

Einige Namen für viele.

Raimund Adolf, Buchbinder; *Paul Antl,* Hilfsarbeiter; *Anton Bönisch,* Buchbindergehilfe; *Johann Breitzettel,* Schriftgießer; *Eduard Dobesberger,* Schriftsetzer; *Walter Dreier,* Buchbinder und Redakteur: *Franz Gamsjäger,* Buchdrucker und Redakteur; *Alois Grabler,* Buchbinder; *Oskar Grossmann,* Journalist; *Franz Hager,* Schriftsteller; *Lukas Haslauer,* Buchbindergehilfe; *Karl Hodac,* Hilfsarbeiter; *Alexander Hölt,* Schriftsetzer; *Alois Hudec,* Maschinenmeister; *Gustav Kiesel,* Maschinenmeister; *Franz Korta,* Buchdrucker; *Franz Ludwig,* Maschinenmeister; *Günter Loch,* Schriftsteller; *Johann Madjeska,* Buchdrucker; *Richard Markl,* Buchbinder; *Friedrich Muzyka,* Buchdrucker; *Josef Neuhold,* Steindrucker; *Eduard Pöperl,* Buchdruckhelfer; *Alfred Rabofsky,* Schriftsetzer; *Waldemar Raubal,* Steindrucker; *Marcell Ricona,* Schriftsetzer; *Ernst Rousek,* Lithograph; *Srul Naum Sarachowitsch,* Buchdrucker; *Fritz Schechter,* Schriftsetzer; *Karl Schuster,* Buchdruckergehilfe; *Johann Spar,* Buchbinder; *Karl Stein,* Schriftsetzer; *Otto Stieglitz,* Schriftsteller; *Theodor Sturm,* Buchbindermeister; *Gustav Teply,* Buchdrucker; *Wilhelm Weixlbraun,* Maschinenmeister; *Franz Wrba,* Buchdrucker; *Leopold Zaynard,* Schriftsetzer.

Teilansicht des Denkmals für die sozialistische Widerstandsgruppe unter den ArbeiterInnen der Österreichischen Staatsdruckerei. Es wurde nach der Übersiedlung des privatisierten Unternehmens vom 3. in den 23. Wiener Gemeindebezirk auf Initiative des Betriebsrats 2005 am neuen Standort wieder aufgestellt. Die Frau Edwin Rollerts, des christlichsozialen Redakteurs der „Wiener Zeitung", wurde vom NS-Regime ermordet. Er selbst überlebte KZ- und Gestapo-Haft und war nach 1945 Präsident des Verbandes demokratischer Schriftsteller und Journalisten. Vinzenz Ludwig Ostry, liberaler NS-Gegner, 1945 Gründungsvorsitzender der JournalistInnen im ÖGB und Direktor des Senders Rot-Weiß-Rot entkam ebenfalls dem KZ. Die mindestens fünf jüdischen Mitarbeiter der Staatsdruckerei verloren sofort bei Beginn der NS-Herrschaft ihren Job. Die drei führenden Pioniere der freien Buchbindergewerkschaft Leopold Grünfeld, Julius Grünwald und Walter Dreier waren als Juden nationalsozialistischer Verfolgung ausgesetzt. Die früheren Vorsitzenden Grünfeld und Grünwald konnten ins Ausland fliehen. Walter Dreier, der Redakteur des Fachblatts, wurde im Vernichtungslager Auschwitz-Birkenau ermordet.

Österreichische Zeitung

No. 1 FRONTZEITUNG FÜR DIE BEVÖLKERUNG ÖSTERREICHS 15. April 1945

Erklärung der Sowjetregierung über Österreich

An die Bevölkerung Österreichs

Wieder frei!

F. TOLBUCHIN.

Adolf Weigelt, Vorsitzender der graphischen und PapierarbeiterInnen (links außen, rechts im Bild, bei einer Gedenkfeier 1965) zählte 1945 zu den ÖGB-Gründern. Der „Vorwärts" war das erste Gewerkschaftsblatt nach 1945 (unten: die ÖGB-Medien 1951). Zeitungen erschienen trotz Papiermangels und Zensur (links Mitte Oskar Pollak, Chefredakteur der Arbeiterzeitung, mit einem Setzer 1947).

Am 15. April, an dem die ÖGB-Gründung beschlossen wurde, gab es erstmals nach sieben Jahren wieder eine österreichische Zeitung, herausgegeben von der Roten Armee.

Wie vor 1900 war der Druck- und Papier-Bereich auch nach 1945 KV-Pionier: Er erreichte 1947 den ersten gesamtösterreichischen Abschluss mit besseren Löhnen, aber zum Beispiel auch die Einführung des Weihnachtsgelds. Für JournalistInnen war ein österreichweiter KV-Schutz schwerer zu erreichen, gelang aber auch noch vor dem Staatsvertrag 1955.

Der Wiederaufbau von Wirtschaft und Demokratie nach 1945 auf Briefmarken der Österreichischen Staatsdruckerei (oben).

KV-Erfolge waren auch jetzt manchmal erst nach Kampfmaßnahmen zu erreichen (links Foto aus einem Streikbericht im „Vorwärts" 1952).

Sportreporter Heribert Meisel war einer der Stars des US-nahen Senders Rot-Weiß-Rot (links außen), in der Sowjetzone gab es bis 1955 die RAVAG. Heribert Meisel machte 1952 bei einem Zeichentrickfilm des ÖGB mit, der KV-Verhandlungen als Fußballmatch zwischen „Lohnsackerl" und „Geldsackerl" erklärte. Den ersten Dienstvertrag für die RundfunkmitarbeiterInnen schloss 1947 die Postgewerkschaft, die Angestellten des britischen Militärsenders in Graz vertrat damals die Gewerkschaft der Angestellten in der Privatwirtschaft, die spätere GPA, der erste KV für Zeitungsjournalistinnen wurde 1947 von der Gewerkschaft der Angestellten der freien Berufe verhandelt.

Weihnachtsgeld für Druck- und Papier-PensionistInnen 1959, ausgezahlt von Franziska Frank, eine der beiden Frauen, die im April 1945 bei der Gewerkschaftsgründung mitwirkten (links oben).
Die Gewerkschaft setzte schon vor 1980 ein Schulungsprogramm für die Arbeit mit den neuen elektronischen Technologien durch (rechts oben Handelsminister Josef Staribacher, selbst gelernter Steindrucker, bei Lehrlingen auf der Grazer Messe 1978).
1990 gab es im graphischen Gewerbe die 37- und 36-Stunden-Woche (rechts Mitte der spätere djp-Vorsitzende Franz Bittner während der Kampagne zur Arbeitszeitverkürzung 1989).
ORF-Talk Show „Club 2" zu 1968 (links, Bild 2 von oben) mit den Studentenführern Dutschke (hinten unter der Lampe) und Cohn-Bendit (daneben) und Moderator Günther Nenning (vorne im Bild). Als Vorsitzender der Sektion Journalisten in der Gewerkschaft Kunst und Freie Berufe initiierte Günther Nenning 1978 das „Kuratorium für Journalistenausbildung". 1999 wurde die Ausbildung am Journalisten-Kolleg als Standard für RedakteurInnen im KV verankert.
1991 verhinderten die RedakteurInnen der Magazine „profil" und „trend" mit einem Streik eine Vermischung zwischen Herausgabe und kaufmännischer Geschäftsführung (links, Bild 3 von oben).

Der Organisationsbereich der Gewerkschaft Druck, Journalismus, Papier war von der Revolution der neuen elektronischen Kommunikations- und Informationstechnologien früh und direkt betroffen. Das Aufrechterhalten einer starken Gewerkschaftsvertretung und der Vernetzung mit den BetriebsrätInnen halfen bei der Verteidigung der ArbeitnehmerInnenrechte.

Proteststreik steirischer ExpeditarbeiterInnen gegen Sozialabbau bei Pensionen und Gesundheitsvorsorge 2003 (links).
Protest gegen Lohnkürzungspläne bei den KV-Verhandlungen 2005 (rechts).
Gestärkt durch den Beschluss einer Betriebsrätekonferenz konnte die Gewerkschaft doch noch mit Erfolg abschließen.

„Networking for Journalists' Rights at Work" war seit der Gründung 1926 Ziel der Internationalen Journalisten-Föderation, auch Protest gegen Verfolgung und Mord wie 2008 in Sri Lanka (links oben). Die Europäische Journalisten-Föderation kämpft für mehr Europabetriebsräte bei Medienmultis und bessere Bedingungen der freien JournalistInnen.
So wie sich in Österreich die djp mit der GPA vereinigte, um die Vertretungskraft zu stärken, entschied sich die 1949 aus mehreren Organisationen gebildete Internationale graphische Föderation 2000, dem internationalen Gewerkschaftsnetzwerks UNI für Beschäftigte in Fach- und Dienstleistungsberufen beizutreten. Adriana Rosenzvaig, Leiterin von UNI graphics, erklärte 2006 für einen Film der deutschen Friedrich-Ebert-Stiftung die Bedeutung globaler Abkommen mit multinationalen Unternehmen: Sie sollen und dürfen den KV nicht ersetzen, können aber dort, wo keine KV-Abschlüsse möglich sind, soziale und rechtliche Mindeststandards für ArbeitnehmerInnen sichern (links unten). Auch in Österreich wurde es immer schwieriger, landesweiten KV-Schutz durchzusetzen, wie 2006 für die Mitarbeiterinnen der Gratiszeitungen (rechts Protestaktion der Gewerkschaften gegen den Abbruch von KV-Verhandlungen). Aktionsfähige Gewerkschaften wurden deshalb umso wichtiger.

djp Gewerkschaft Druck, Journalismus, Papier
Der Stammbaum

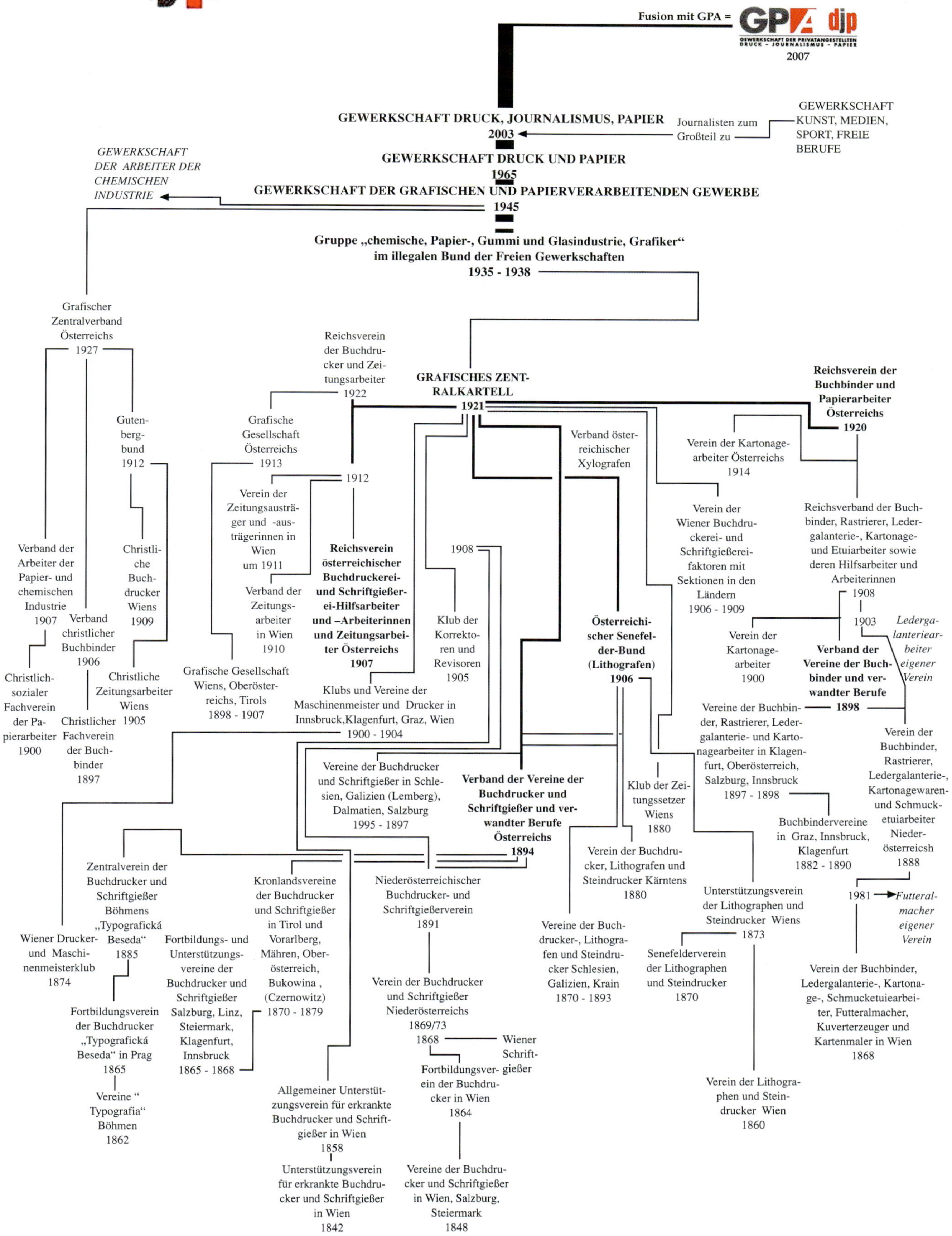

Kampf um faire Chancen

mehr als ein Jahrhundert:
Gewerkschaftsarbeit der Angestellten

1892 erste Angestelltengewerkschaft

1907 erstes Pensionsgesetz für ArbeitnehmerInnen

1958 für fast alle Angestellten 14 Gehälter

2004 erster gemeinsamer Lohn-KV mit ArbeiterInnen

Angestelltenberufe entstanden mit der Entwicklung der kapitalistischen Wirtschaft. Ihre erste Gewerkschaft, der Verein der kaufmännischen Angestellten, bildete sich 1892. Die Gründer Karl Pick, Julius Beermann und Friedrich Austerlitz, dann Chefredakteur der Arbeiterzeitung, förderten auch die Organisation anderer Angestelltengruppen. Richard Seidel organisierte die Industrieangestellten, Josef Petersilka die Sozialversicherungsangestellten und Otto Maresch die Gutsangestellten. Hugo Breitner, der große Wiener Finanzstadtrat, und Heinrich Allina waren die Pioniere der Bankangestellten. Allina leitete auch die Angestelltensektion der Freien Gewerkschaften. Er musste wie Alfred Broczyner von den Versicherungsangestellten vor dem NS-Terror fliehen. Der Industrieangestellte Friedrich Hillegeist und die Frauenpionierin Valerie Kittl überlebten die Verfolgung im Land.

AngestelltengewerkschafterInnen setzten sich auch in der Politik für soziale Gerechtigkeit ein. Lois Weinberger, der christliche Bankbeamte, war Wiener Vizebürgermeister. Jahrzehnte später wurde Karl Klein, KV-Experte des ÖGB, Vorsitzender der Fraktion christlicher Gewerkschafter. Wilhelm Hrdlitschka, der dann die ChemiearbeiterInnen vertrat, war Top-Experte für die Verstaatlichte Industrie. Hillegeist gestaltete das Allgemeine Sozialversicherungsgesetz von 1955 entscheidend mit. Seine NachfolgerInnen als GPA-Vorsitzende Rudolf Häuser, Alfred Dallinger und Lore Hostasch als SozialministerInnen und Hans Sallmutter in der Sozialversicherung verteidigten den Sozialstaat unter immer schwierigeren Bedingungen, – Eleonora Hostasch und ÖGB-Frauenvorsitzende Renate Csörgits auch im Sozialausschuss des Nationalrats, Hrdlitschka, Heinz Vogler und Hostasch als AK-Präsidentinnen. Unter dem Vorsitz von Wolfgang Katzian vereinigten die GPA und die Gewerkschaft djp 2007 ihre Kräfte.

Titel des Fachblatts der Versicherungsangestellten zum Gewerkschaftsjubiläum 1927 (links). Protest der Bankangestellten gegen Sozialabbau 2003 (rechts).

Kampf um faire Chancen

Die Hauptwache des Akademischen Korps (links) war 1848 das Zentrum des Widerstands gegen die Kaiserdiktatur. Studenten und ArbeiterInnen standen in der Revolution an vorderster Front. Auch die Handlungsgehilfen organisierten sich damals zum ersten Mal. Sie forderten – noch vergeblich – eine Verkürzung der 16-stündigen Arbeitszeit und den freien Sonntag.

Die neue Diktatur nach 1848 setze auf eine liberale kapitalistische Wirtschaft. Aus fragwürdigen Spekulationen wurde politisches Kapital geschlagen (oben rechts eine Karikatur dazu). Beim Börsenkrach von 1873 verloren fast 3.000 Handels- und Versicherungsangestellte und 1.800 Bankgehilfen den Job. Trotz dieser Erfahrungen entschieden sich vor 1900 nur die „Handlungsgehilfen" für solidarische Gegenwehr. Eine Gedenktafel am Hotel Post in Wien erinnert an ihre Gewerkschaftsgründung (links Mitte). Auch Frauen und Hilfskräfte konnten dort Mitglieder sein, denn Verkäuferinnen in der Monarchie (unten links) durften keine Lehre machen. Das erste Büro des Vereins war ein einfaches Zimmer in der Wiener Schönlaterngasse (unten rechts). Sein Vertreter in der ersten Gewerkschaftskommission hieß Josef Mornik und war 1918 einer der Gründer der kommunistischen Partei.

Als die kaufmännischen Angestellten ihre erste Gewerkschaft gründeten, gab es für FabrikarbeiterInnen aus größeren Betrieben schon einige Schutzgesetze und Sozialversicherung. Aber Handlungsgehilfen, VerkäuferInnen und kaufmännische Bürokräfte waren davon ausgeschlossen. Die Gewerkschaft kämpfte nicht nur für bessere Löhne, sondern ebenso für eine geregelte und verkürzte Arbeitszeit, für Sozialversicherung und bessere Ausbildung.

Gewerkschaftsvorsitzender Karl Pick (links oben als Redner) leitete ab 1897 die Kampagne für den freien Sonntag (unten ein Aufruf des mit der Gewerkschaft verbundenen Gehilfenausschusses). 1903 war er für Wien erreicht, 1905 wurde die Mitsprache der Gehilfen bei der Genehmigung von Sonntagsarbeit für die ganze Monarchie im Gesetz verankert.
Die 1901 gegründeten lokalen Organisationen der Versicherungsangestellten erreichten 1902 in Triest, wo sich die Zentrale der „Generali" (rechts) befand, dann in Ungarn und schließlich 1903 auch in Wien und Prag die Sonntagsruhe.

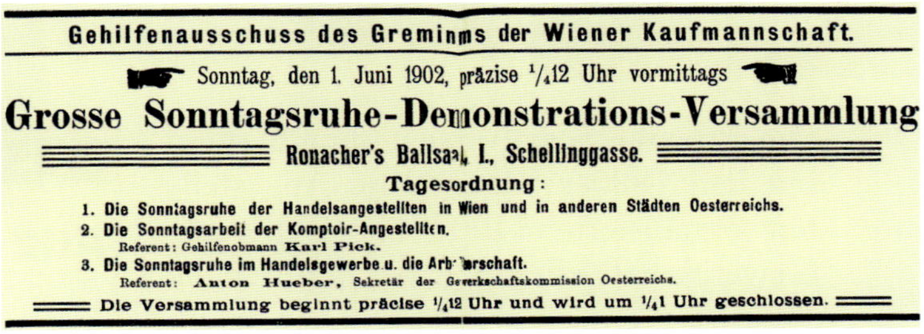
Gehilfenausschuss des Gremiums der Wiener Kaufmannschaft.

Sonntag, den 1. Juni 1902, präzise 1/412 Uhr vormittags

Grosse Sonntagsruhe-Demonstrations-Versammlung

Ronacher's Ballsaal, I., Schellinggasse.

Tagesordnung:

1. Die Sonntagsruhe der Handelsangestellten in Wien und in anderen Städten Oesterreichs.
2. Die Sonntagsarbeit der Komptoir-Angestellten.
   Referent: Gehilfenobmann Karl Pick.
3. Die Sonntagsruhe im Handelsgewerbe u. die Arbeiterschaft.
   Referent: Anton Hueber, Sekretär der Gewerkschaftskommission Oesterreichs.

Die Versammlung beginnt präcise 1/412 Uhr und wird um 1/41 Uhr geschlossen.

Gleichzeitig mit der Kampagne für Sonntagsruhe starteten die kaufmännischen Angestellten die Kampagne für Arbeitszeitverkürzung durch Begrenzung der Ladenöffnungszeiten (links). 1907 war die 19-Uhr-Sperre in den Wiener Warenhäusern durchgesetzt, ab 1916 galt sie in ganz Österreich.

Ein zentrales Ziel der Gewerkschaft war ein eigenes Dienstrecht für die kaufmännischen Angestellten. 1910 trat das „Gesetz über den Dienstvertrag der Handlungsgehilfen und anderer Dienstnehmer in ähnlicher Stellung" in Kraft. Es brachte erste Schritte zu Kündigungsschutz und Krankengeld und Urlaubsregelungen.

Die sozialdemokratische Gewerkschaft der kaufmännischen Angestellten entstand 1892 nach heftigen Kämpfen im Gehilfenausschuss des Gremiums der Wiener Kaufmannschaft, zu dessen Obmann Karl Pick 1904 gewählt wurde. Nach Gewerkschaftsgründungen in mehreren Orten der Monarchie (unten links eine Gründungsversammlung) erfolgte 1904 der Zusammenschluss im „Zentralverein der kaufmännischen Angestellten". Der „Zentralverband der christlichen Angestellten" bildete sich 1914. Die christlichsozialen Angestelltengewerkschaften wurden von Wiens Bürgermeister Karl Lueger (unten rechts in der Kutsche) und seinem Nachfolger Richard Weißkirchner besonders gefördert.

Der Saal der Creditanstalt 1914 (links außen). Die Gewerkschaft der BankbeamtInnen entstand 1907. Ihr erster Erfolg war eine Inflationsabgeltung. Im Kampf gegen Lohndumping setzte man ab 1910 auf Lohnerhöhung für Frauen. In diesem Jahr kam mit Else Landau die erste Frau in den Gewerkschaftsvorstand.

Die technischen Angestellten der Industrie schufen die Voraussetzungen für die Modernisierung der Produktion (links ein Konstruktionsbüro um 1905). Ihr 1908 gegründeter „Bund" kämpfte für die Einbeziehung in die Angestelltenpension und schuf eine eigene Stellenvermittlung.

Die Arbeiter-Sozialversicherung bestand seit den 1880er Jahren. Ihre Angestellten organisierten 1902 bis 1907 eine Gewerkschaft, die noch vor dem Ersten Weltkrieg ein einheitliches Dienstrecht durchsetzte. Mitglieder waren auch die Beschäftigten der 1907 erreichten Pensionsversicherung für Angestellte.

Der Dichter Franz Kafka (links), Angestellter der Arbeiter-Unfall-Versicherung in Prag, verwies mit einem kurzen Satz auf die Bedeutung der ersten Sozialversicherung für ArbeitnehmerInnen und auf ihre Mängel: „Statt die Anstalt zu stürmen und alles kurz und klein zu schlagen, kommen sie zu uns bitten."

Weibliche Angestellte (unten links um 1900) wurden meistens als Hilfskräfte entlohnt. Therese Schlesinger organisierte gleichzeitig die freigewerkschaftlichen BuchbinderInnen und die Frauen bei den kaufmännischen Angestellten. Sie war führend im Kampf um das Frauenwahlrecht (rechts). Ihre Kolleginnen bei den kaufmännischen Angestellten delegierten sie in das sozialdemokratische Frauenreichskomitee (unten rechts, dritte von links sitzend im Komitee 1917).

In den Jahren vor dem Ersten Weltkrieg wurde die Gangart gegen die Gewerkschaften wieder schärfer. Die großen Versicherungsgesellschaften vereinbarten, von einem Unternehmen Entlassene ein Jahr lang in keinem anderen aufzunehmen. Das traf in erster Linie Gewerkschaftsmitglieder und bedeutete Arbeitslosigkeit für die Betroffenen. Doch die Gewerkschaft brachte dieses „Aushungerungskartell" 1908 zu Fall. Eine der vielen Protestversammlungen fand im Wiener „Kolosseum" statt (rechts die zum Teil erhaltene Fassade), wo sich dann die TeilnehmerInnen zu einem Demonstrationszug formierten. Die Bankangestellten wehrten sich zwischen 1910 und 1914 mit Solidaritätsaktionen und Streiks erfolgreich gegen die Entlassung von Vertrauensleuten und Mitgliedern.

Die „Güterbeamten", die Angestellten in Land- und Forstwirtschaft, hatten vor 1918 keine Gewerkschaft. Aber im gemeinsamen Verein mit den Gutsbesitzern (oben links der Vereinssitz, das Liechtensteinsche Majoratshaus) erreichten sie 1914 mit dem „Güterbeamtengesetz" Verbesserungen.

An der Großdemonstration gegen die extreme Teuerung 1911, die durch einen brutalen Militäreinsatz blutig endete (rechts), nahmen auch viele organisierte Angestellte teil.

Wie andere Gewerkschaften richteten die Angestelltenorganisationen in der Zeit verstärkter Angriffe Widerstandsfonds ein. Unter der Kriegsdiktatur schlossen sie sich in einer Plattform zusammen. Sie kämpften 1915 gemeinsam für einen Mindestlohn, errichteten 1916 eine Hilfs- und Rechtsschutzstelle für Angehörige von Gefallenen und Eingerückten und setzen für die Eingerückten einen Entlassungsschutz durch. Viele organisierte Angestellte engagierten sich in der Friedensbewegung.

In der später zerstörten Wiener Nordwestbahnhalle (unten links) protestierte eine Versammlung von kaufmännischen Angestellten und Versicherungsangestellten im zweiten Kriegsjahr 1915 gegen das Abschaffen der Teuerungszulagen.

In einem Sitzungsraum des Gebäudes der Wiener Handels- und Gewerbekammer (unten rechts der Eingang) beschlossen die Angestelltenorganisationen 1917 eine Resolution, in der sie Frieden und ein Ende des Hungers forderten.

Der Zentralverein der kaufmännischen Angestellten (links eine Mitgliedskarte von 1920) erreichte im November 1918 einen KV, der nicht nur für Österreich, sondern auch für alle Staaten der zerbrochenen Habsburgermonarchie galt. Die Einhaltung des Vertrags konnte aber oft erst nach Streiks erreicht werden, wie 1919 beim Teppichgeschäft Haas auf dem Wiener Stephansplatz (oben Mitte). 1920 kamen im Rahmen der Sozialoffensive das lange geforderte Ladenschlussgesetz und die Sonntagsruhe für alle ArbeiterInnen und HandlungsgehilfInnen.

Fortschritte für die Angestellten ab 1918: Das Angestelltengesetz 1921 brachte Entgeltfortzahlung, Urlaubsanspruch, längere Kündigungsfrist und Abfertigung. Das Angestelltenversicherungsgesetz 1926 bezog die HandlungsgehilfInnen in die Pensionsversicherung ein.

Gewerkschafter Heinrich Allina beim Bankangestellten-Streik 1924 (links). Der größte Arbeitskampf der Angestellten in der Ersten Republik brachte mehr Gehalt und kürzere Arbeitszeit.

Plakat des „Gewerkschaftsbunds der Angestellten Österreichs" von 1927 (rechts). In Deutschland ging aus der GDA nach 1945 die Deutsche Angestelltengewerkschaft hervor, die lange außerhalb des Deutschen Gewerkschaftsbunds blieb, während die österreichischen Angestellten sofort im ÖGB mitarbeiteten. Die GDA stand politisch rechts, war aber anders als die Heimwehrgewerkschaften keine „gelbe" Organisation, die von Unternehmen finanziert wurde. Die „Gelben" nannten sich „Unabhängige". Sie bekämpften nicht nur den sozialdemokratischen Bund der Industrieangestellten (gegenüber, Seite 119 , ihr Fachblatt), sondern auch die christlichen Gewerkschaften (links das Vereinslokals der christlichen Angestellten ab 1923, Wien, Seilerstätte 8).

In Wiens Altem Rathaus (links, Seite 118) tagte 1920 der Kongress des FIET, des Internationalen Bundes der Privatangestellten. An der FIET-Gründung 1904 waren auch Österreicher beteiligt.
Die Krankenkasse der kaufmännischen Angestellten führte ab 1923 ein eigenes Entbindungsheim (oben links die Eröffnung mit Karl Pick links im Bild und Wiens Bürgermeister Seitz). Die Sozialversicherungsangestellten erreichten 1921 eine einheitliche Arbeitszeitregelung. Wie Josef Papouschek (oben rechts ein Mosaik, das an seine Leistungen für Gesundheit und Bildung erinnert) kamen sie oft aus den Arbeitergewerkschaften.
Der Schulreformer Otto Glöckel (Mitte links im Parlament, aus einem Comic über sein Leben) war einige Zeit Versicherungsangestellter. Als Regierungsmitglied (1918 bis 1920) unterstützte er die früheren BerufskollegInnen bei den KV-Verhandlungen. Nach einem Streik konnten sie 1924 die 42,5-Stunden-Woche durchsetzen.

Die gemeinsame „Ständige Delegation“ der freien Angestelltengewerkschaften setzte durch, dass 1919 im Betriebsrätegesetz eigene Angestelltenbetriebsräte vorgesehen wurden. Bei KV-Verhandlungen gelangen zunächst gute Lohnabschlüsse und mehr Mitbestimmungsrechte, etwa im Aufsichtsrat oder in Personalfragen. Ein Teil der Errungenschaften konnte, wenn auch mühsam, bis 1934 verteidigt werden.

Bei den kaufmännischen Angestellten baute Manfred Ackermann die aktivste Jugendorganisation der Freien Gewerkschaften auf (Mitte rechts Ackermann – siehe Pfeil – mit Jugendlichen). Viele aus ihren Reihen kämpften ab 1934 mutig gegen Diktatur und Faschismus.
Ein aufrechter Demokrat war auch der Siemens-Schuckert-Angestellte Friedrich Hillegeist, ab 1919 Betriebsrat und dann Sekretär im Bund der Industrieangestellten (unten rechts das Vereinslokal ab 1932, später das Haus der ÖGB-Gewerkschaften der Gemeindebediensteten sowie Kunst, Medien, Sport, freie Berufe). Der „Bund“ arbeitete im Betrieb oft mit den ArbeiterInnengewerkschaften zusammen, zum Beispiel bei Lohnverhandlungen in der Staatsdruckerei. 1924 erreichte er nach einem Streik seine Anerkennung als Verhandlungspartner durch die Industriellenvereinigung.

DER INDUSTRIEANGESTELLTE
ORGAN DES BUNDES DER INDUSTRIEANGESTELLTEN ÖSTERREICHS
ERSCHEINT MONATLICH EINMAL. BEZUGSPREIS: EINZELN 60 g, GANZJÄHRIG 12 NUMMERN S 3.60.
REDAKTION UND VERWALTUNG: WIEN, I., BIBERSTRASSE 2, II. STOCK. TELEPHON R 29-5-55 BIS 59.
33. JAHRG. WIEN, IM AUGUST 1929 NUMMER 8

Die „Unabhängigen Gewerkschaften“

Niemals ist mit den Begriffen „Unabhängig“ und „Gewerkschaft“ größerer Mißbrauch getrieben worden als im Zusammenhang mit den Heimwehrvereinigungen.
Mit Unternehmergeld gegründet, von Unternehmern gefördert und unterstützt, ist ihr Kampf nicht

Das Werden und Wirken dieser „Unabhängigen“ wahrheitsgetreu zu schildern, ihre geistigen und wirtschaftlichen Voraussetzungen klarzustellen und die Angestellten über die Gefahren dieser Bewegung aufzuklären, soll eine Artikelserie aus berufener Feder besorgen, die

Das Arbeiterheim Wien-Floridsdorf war im Februar 1934 hart umkämpft (links außen). Dort berichtete Friedrich Hillegeist (links) am 7. März 1938 der ersten seit 1934 geduldeten Versammlung von VertreterInnen der verbotenen, aber illegal aktiven Freien Gewerkschaften über vergebliche Verhandlungen mit Bundeskanzler Schuschnigg. Verlangt wurden Schritte zur Demokratie als Basis für einen erfolgreichen Kampf gegen Hitler-Deutschland. Aber es war zu spät, am 13. März begann die NS-Herrschaft. Hillegeist, Leiter der illegalen Angestelltenorganisation, überlebte Konzentrationslager und Gestapo-Haft. Er wurde 1945 Gründungsvorsitzender der GPA, damals noch Gewerkschaft der Angestellten in der Privatwirtschaft.

Im Austrofaschismus reichte die Widerstandsarbeit der Untergrundgewerkschaften von der Information bis zu Protestaktionen, etwa 1936 gegen eine Entlassungswelle bei den Versicherungsangestellten. Unter der NS-Herrschaft war Widerstand nur mehr in kleinen Gruppen möglich. Viele AngestelltengewerkschafterInnen mussten ins Exil oder wurden vom NS-Regime ermordet.

Manfred Ackermann organisierte ab 1934 im Untergrund die „Revolutionären Sozialisten". Er konnte mit seiner Familie 1938 in die USA entkommen, wo er sich wieder als Gewerkschafter engagierte. Auch Hugo Breitner (links mit seiner Tochter), dem legendären Finanzstadtrat des „Roten Wien", gelang 1938 noch die Flucht. Er starb 1946 in Kalifornien.

Der 72-jährige Gewerkschaftspionier Julius Bermann (oben links außen) kam 1940 in ein jüdisches Altersheim und wurde 1942 von Wien in das KZ Theresienstadt deportiert (oben links die Ankunft eines Altentransports von einem Häftling gemalt). Er starb Anfang 1943 an den Folgen von Seuchen und Hunger. Der schwerkranke Angestelltenorganisator Karl Pick (oben rechts außen mit seiner Frau Elisabeth) musste 1938 im Gang des von ihm mitbegründeten Spitals der Wiener Kaufmannschaft (oben rechts) sterben, weil ein Jude nicht im Krankensaal liegen durfte. Zwei seiner drei Töchter wurden in Konzentrationslagern ermordet.

Wo Gesundheit und Alter es zuließen, leisteten viele der – aus politischen, rassischen oder beiden Gründen – Deportierten aktiven Widerstand gegen den Terrorapparat. Die Bankbeamtin und Gewerkschafterin Mela Ernst-Grünberg (links ihr Gedenkstein) musste Österreich 1937 als Gegnerin des Austrofaschismus verlassen, kämpfte für die spanische Republik gegen den Franco-Faschismus und musste wieder – diesmal nach Frankreich – fliehen. 1941 fiel sie dem NS-Regime in die Hände und wurde in das Frauen-KZ Ravensbrück deportiert. Dort baute sie mit Kampfgefährtinnen eine Internationale Widerstandsorganisation auf. Sie überlebte den Terror, wenn auch nur um wenige Jahre.

Vom nationalsozialistischen Regime ermordete Angestellte und Studierende.

Einige Namen für viele.

Karl Baubelik, Bankangestellter; *Julius Bermann,* Pensionist, ehem. kaufmännischer Angestellter, *Gewerkschaftssekretär Franz Braunecker,* Handelsangestellter; *Dipl. Ing. Walter Caldonazzi,* Forstingenieur; *Rudolf Chwatal,* kaufmännischer Angestellter; *Michael Daxböck,* kaufmännischer Angestellter; *Karl Dluhosch,* Industrieangestellter; *Ing. Alfred Fenz,* Elektroingenieur; *Emil Fey,* Sprachlehrer; *Gerhard Fischer-Ledenice,* Diplomkaufmann; *Robert Fritsch,* kaufmännischer Angestellter; *Leopold Fritsche,* Angestellter; *Willi Gruber,* kaufmännischer Angestellter; *Elfriede Hartmann,* Maturantin; *Hanns Georg Heintschel-Heinegg,* Student; *Emil Homolka,* kaufmännischer Angestellter; *Alois Houdek,* Handelsangestellter; *Kurt Huber,* Verkäufer; *Josef Hubinek,* Handelsangestellter; *Josef Friedrich Ernst Jakobovits,* kaufmännischer Angestellter; *Franz Jirak,* Zahntechniker; *Franz Josef Kalis,* Versicherungsangestellter; *Dr. Jakob Kastelic,* Rechtsanwaltsanwärter; *Ferdinand Kernau,* Zahntechniker; *Oskar Klekner,* Optiker; *Rudolf Klekner,* Maschinenkonstrukteur; *Hermann Klepell,* Hochschüler; *Franz Kohl,* Buchhalter; *Ferdinand Kostelny,* kaufmännischer Angestellter; *Karl Krumpl,* kaufmännischer Angestellter; *Ferdinand Künzl,* Geschäftsdiener; *Franz Macek,* kaufmännischer Angestellter; *Josef Machatz,* Privatbeamter; *Friedrich Mastny,* Handelsangestellter; *Anton Mayer,* Handelsangestellter; *Alfred Miegl,* Diplomingenieur; *Otto Mikeschka,* Handelsangestellter; *Johann Mithlinger,* kaufmännischer Angestellter; *Gertrude Müller,* kaufmännische Angestellte; *Felix Pfeiffer,* kaufmännischer Angestellter; *Johann Sebesta,* Bankangestellter; *Ferdinand Strasser,* Buchhalter; *Viktor Suppan,* Buchhalter; *Anton Peterka,* Angestellter; *Ing. Karl Peternely,* Textiltechniker; *Marie Pitschko,* Handelsangestellte; *Wolfgang Pogner,* Laborant; *Alfred Polak,* kaufmännischer Angestellter; *Johann Riedl,* Versicherungsbeamter; *Josef Regar,* Angestellter; *Karl Schachinger,* kaufmännischer Angestellter; *Ing. August Schratzberger,* Vermessungstechniker; *Josef Seper,* Angestellter; *Maria Sip,* Apothekerhelferin; *Marie Skumanc,* Angestellte; *Franz Stepanek,* Statistiker; *Waldemar Timer,* Angestellter; *Anna Walla,* Angestellte; *Leopold Weinfurter,* kaufmännischer Angestellter; *Josef Windberger,* kaufmännischer Angestellter; *Franz Winkelmann,* kaufmännischer Angestellter; *Hermine Zaynard,* technische Zeichnerin; *Gustav Ziegler,* Medizinstudent.

Die Skulpturen des von Alfred Hrdlicka geschaffenen Denkmals gegen Krieg und Faschismus am Wiener Albertinaplatz erinnern an die Verfolgungs-, Vernichtungs- und Kriegspolitik des NS-Regimes (oben „Hinterlandfront" am „Tor der Gewalt") und an die Errichtung der Zweiten Republik auf antifaschistischer Grundlage. Auch die Gründungsgeneration, die ab 1945 die GPA aufbaute, stand auf dieser gemeinsamen Basis: Über Friedrich Hillegeist und Rudolf Häuser, seinen Nachfolger als Vorsitzenden, der wie Otto Skritek, später Leitender Sekretär der Sektion Handel, das KZ überlebt hatte, bis zu dem Kommunisten Theodor Heinisch, der knapp der Gestapo entkommen war, und dem christlichen Gewerkschafter und späteren Leitenden Sekretär der Sektion Industrie Erich Kabesch, der seinen Job verlor, weil er nicht Mitglied der Nazi-Partei werden wollte.

Lois Weinberger (oben rechts als Wiener Vizebürgermeister mit Bürgermeister Körner auf einem Markt) war bis 1934 Vorsitzender der christlichen BankbeamtInnen, bis 1938 vertrat er seine Berufsgruppe in der Staatsgewerkschaft, 1945 war er Mitbegründer des ÖGB. Eine wichtige Rolle bei der ÖGB-Gründung spielte der erste GAP/GPA-Vorsitzende Friedrich Hillegeist (oben links im Anzug bei einem Jugendtreffen). Alfred Dallinger (oben links, im Bild ganz rechts), später GPA-Vorsitzender und Sozialminister, baute ab 1948 die Jugendorganisation auf.

Die GAP/GPA führte 1945 die Bildungstradition der Angestellten fort. Die Vorläuferinnen der Jugendorganisation waren außer der kaufmännischen Jugend vor allem die Praktikantengruppen der Industrie- und Bankangestellten. Darauf aufbauend wurde die GPA zur SchülerInnen- und Studierendenvertretung des ÖGB. Im Kampf für Mitbestimmung und gegen Studiengebühren stand sie immer vorne.

Die GPA-Jugend im Kampf um Chancen und Rechte: Nach 1945 (Mitte links) für genug Essen und Arbeit, nach 1970 für Mitbestimmung (Mitte Bild 2 GPA-Vorsitzender Sozialminister Rudolf Häuser in einer Lehrwerkstätte), ab den 1980er Jahren für Bildungschancen (Mitte rechts), in den 2000er Jahren für soziale Gerechtigkeit statt Turbokapitalismus (unten rechts).

Die 1947 gegründeten GPA-„Scheinfirmen" (links unten) waren, bis 1950 die Lehrberufe „Industrie- und Bürokaufmann" durchgesetzt werden konnten, die einzige Chance für eine qualifizierte Berufsausbildung. Für die BerufseinsteigerInnen nach der Schule wurden zum Teil schon vor 1934 Besserstellungen erreicht. 1948 setzte die GAP auch für Forstpraktikanten KV-Schutz durch.

Der Kampf um erträgliche Arbeitszeit und Arbeitsbedingungen für Angestellte begann 1945 und hörte nie auf. Dort wo alte Errungenschaften nicht verteidigt werden konnten, setzte die GPA neue soziale Bedingungen durch – etwa 1990 zwei arbeitsfreie Samstage im Monat für den Handel. Mit Informations-, Beratungs- und Urlaubsangeboten wurde ein Solidaritätsnetz für persönliche Bedürfnisse geknüpft.

Auf Initiative der GPA-Frauen wurde 1977 eine eigene Familienrechtsberatung eingerichtet (links). Der große Anteil an weiblichen Angestellten gab den Frauen in der Organisation ein besonderes Gewicht. Lore Hostasch war 1989 die erste Frau an der Spitze einer Gewerkschaft und 1995 die erste Frau an der Spitze der Arbeiterkammern (oben rechts bei einem Betriebsbesuch).

Schon 1962 gab es die jährliche aktuelle Rechtsinformation für Angestellte, die Gesetze und KV-Bestimmungen umfasst (oben).

Die zentralen Gesetze für die Angestellten, das Angestellten- und das Gutsangestelltengesetz wurden in der Zweiten Republik ab 1946 stark verbessert. 1956 bekamen Arbeiter und Angestellte ein gemeinsames Sozialversicherungsgesetz. Die Gewerkschaft sorgte dafür, dass dabei die besseren Bestimmungen für die Angestellten nicht verloren gingen.

Mehr Zeit für Familie und Erholung: Demo gegen Verschlechterung der Ladenschlussbestimmungen 1952 (links). Demo für die 5-Tage-Woche bei Banken, Kärnten 1974 (oben). Kampagne für verkaufsfreie Feiertage 1984 (unten links). Kampagne „35-Stunden-Woche" ab 1985 (Button oben rechts): 1980 hatten fast alle Angestellten weniger als 40 Stunden pro Arbeitswoche. Fragebogenaktion für den freien Sonntag 2006: über 99 Prozent der VerkäuferInnen lehnten Sonntagsarbeit ab (rechts GPA-djp-Vorsitzender Wolfgang Katzian bei der Befragung in der Wiener Innenstadt).

KV-Schutz für immer neue Berufsgruppen ab 1945: Nach 1960 etwa für den Versicherungs-Außendienst (oben Mitte Werbung 1964), 1998 für die IT-Branche, nach 2000 für Callcenter-Agents (oben rechts Kampagne 2006) oder für den Gesundheits- und Sozialbereich. Für Mitglieder mit speziellen Vertretungsbedürfnissen organisierte die GPA ab 2000 „Interessengemeinschaften" (rechts).

Das Zurückdrängen des Gewerkschaftseinflusses in der Selbstverwaltung ab 2000 sollte Verschlechterungen bei der Sozialversicherung erleichtern (links Proteststreik 2003). GPA-Vorsitzender Hans Sallmutter (links oben), der sich massiv dagegen wehrte, wurde als Sozialversicherungspräsident abgesetzt.

Mit den Kollektivverträgen konnte die GPA grundlegende Verbesserungen durchsetzen, Ansprüche sichern und die Interessen unter veränderten Bedingungen wahren. Ab 1993 verhandelte die GPA den Industrie-KV gemeinsam mit den „Metallern". Für die Metall- und Elektroindustrie konnte 2004/2005 erstmals ein gemeinsames Entgeltsystem für Angestellte und Arbeiter erreicht werden.

Das Management der verstaatlichten Großindustrie war Pionier der EDV-Epoche (Bild 4 unten: EDV des Öl- und Gasunternehmens OMV 1971). Die neue Technologie beschleunigte die Umbrüche auf dem Arbeitsmarkt.

Nach 1990 wurden überbetriebliche KV-Abschlüsse verstärkt in Frage gestellt. Die GPA-Sektion Industrie und Gewerbe informierte „spielerisch" über die Nachteile für Angestellte und Betriebsrat (unten links bis Mitte GPA-Spielkarten).

Dir GPA war immer mit ihren Internationalen eng vernetzt. Das gilt für die christlichen Angestellten im Weltverband der Arbeitnehmer, wo sich Hans Klingler besonders einsetzte, ebenso wie für den Privatangestelltenbund FIET. Die FIET-Kongresse in Wien 1948 und 1995 (links) fällten wichtige Grundsatzentscheidungen. GPA-Vorsitzender Alfred Dallinger im Weltvorstand, GPA-Frauenvorsitzende Renate Csörgits als Vorsitzende des Weltfrauenausschusses oder Generalsekretär Heribert Meier prägten die Arbeit des FIET über Jahrzehnte mit. Nach der Erweiterung zur UNI, zum internationalen Netzwerk der Beschäftigten in Fach- und Dienstleistungsberufen, konnten auch für den GPA-Bereich globale Abkommen mit multinationalen Konzernen über soziale Mindeststandards geschlossen werden. Eine EU-Richtlinie brachte 2004 erste Verbesserungen für Call-Center. Im Kampf für ArbeitnehmerInnenrechte nutzte UNI schon früh die Möglichkeiten des Internet. Eine Kampagne in der Internet-Kunstwelt „Second Life", die von der dort neu eingerichteten Gewerkschaftsinsel „Union Island" gestartet wurde, verhinderte das Streichen einer Produktivitätsprämie für IBM-MitarbeiterInnen in Italien (rechts oben). Die UNI nützt „Union Island" aber auch zur Unterstützung verfolgter GewerkschafterInnen (rechts unten).

UNI global union

UNI europe global union

Gewerkschaft der Stammbaum

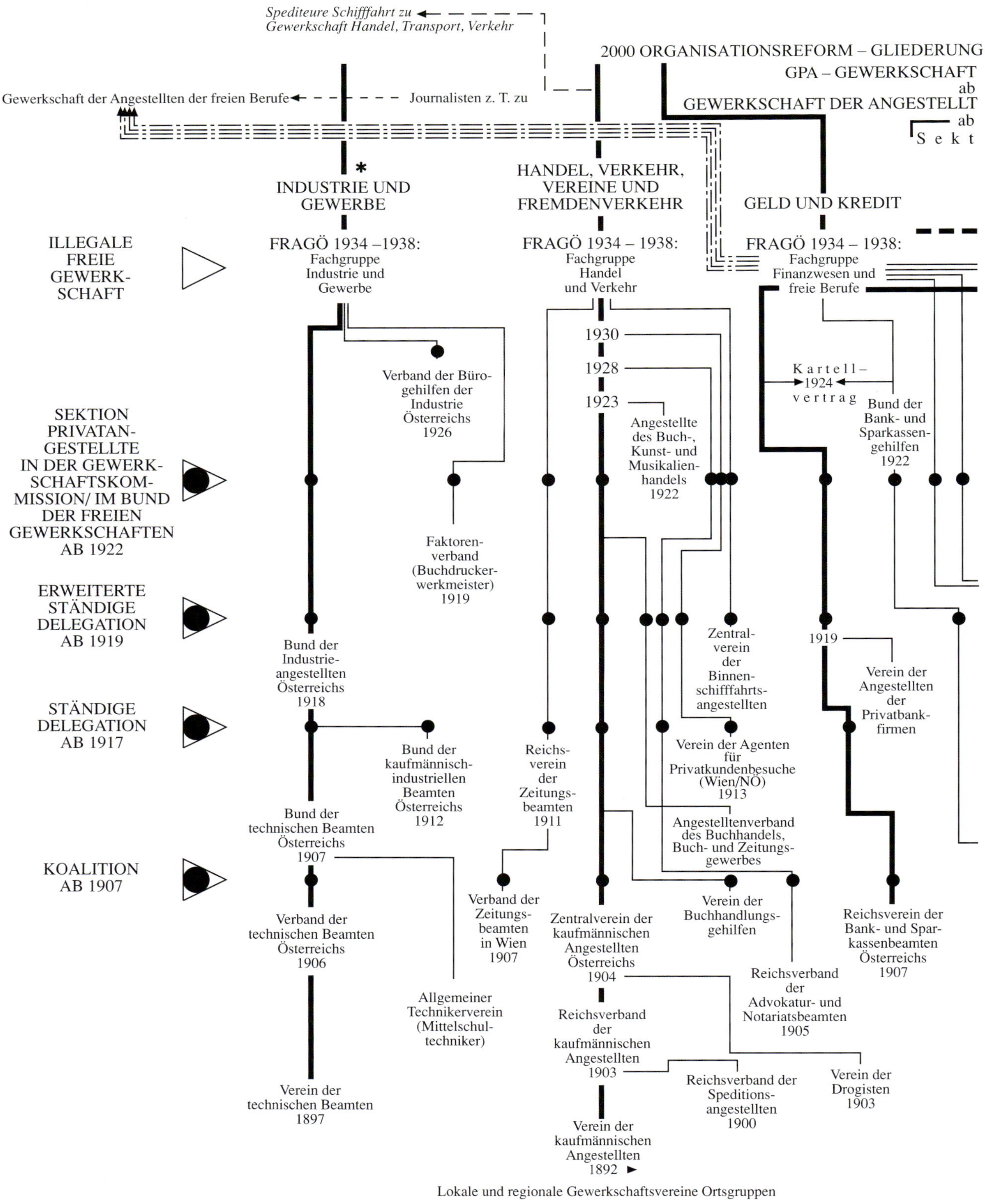

Privatangestellten

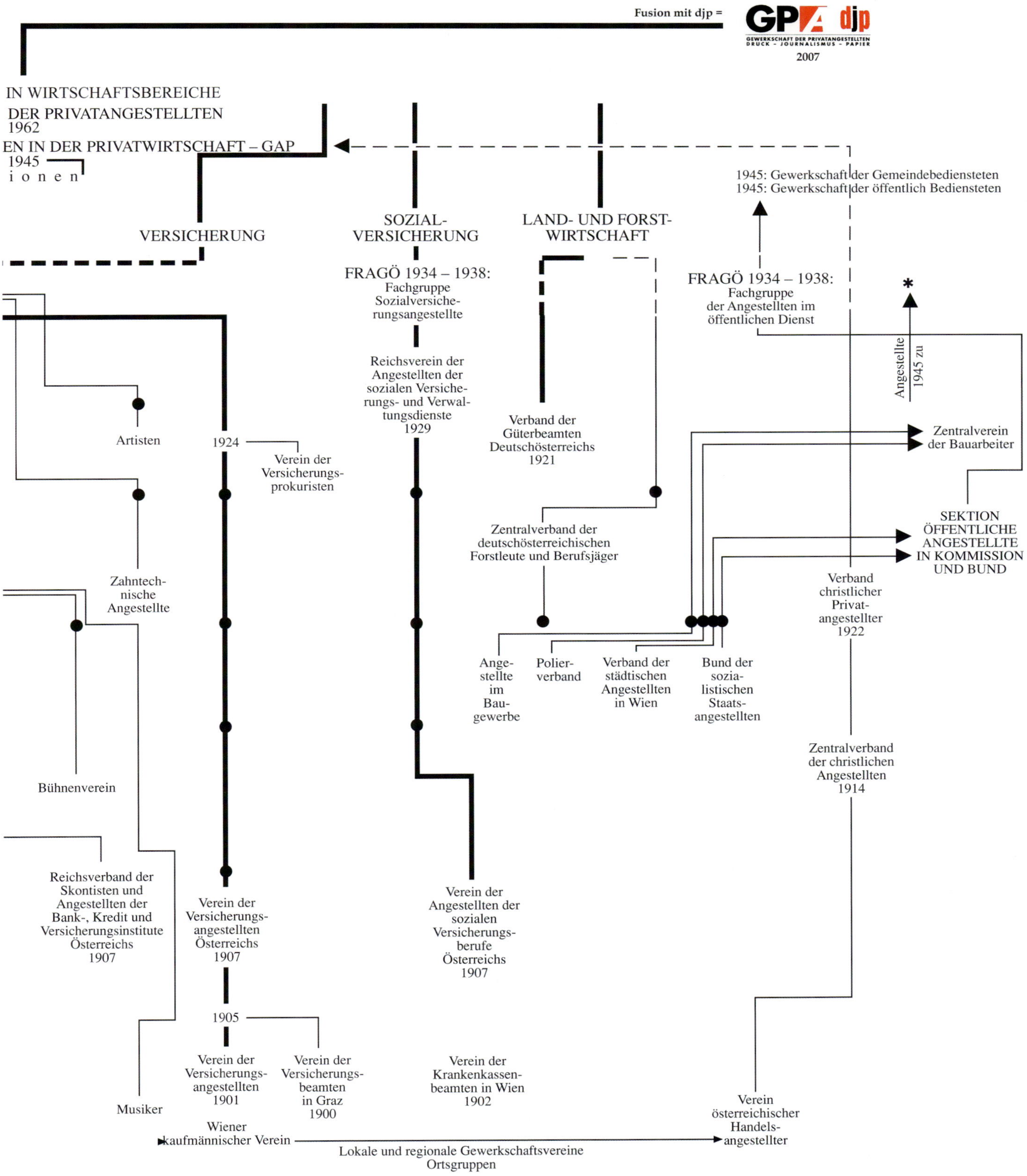

GPA-djp-Protest gegen den Boykott einer demokratischen Betriebsratswahl durch das Management 2006. Er war erfolgreich.

Unsere Solidarität gibt uns die Kraft, die wir zur Realisierung unserer weit in die Zukunft gerichteten Perspektiven benötigen. … Wie immer werden viele unserer Vorhaben als Illusionen, Visionen oder Utopien bezeichnet werden. Wir lassen uns das gerne gefallen, denn schon immer waren die Utopien von gestern die Realitäten von heute. *Alfred Dallinger*